FAMÍLIA   VIAGEM   GASTRONOMIA   MÚSICA   **CRIATIVIDADE**

© 2019 Gabriel Gomes
© 2019 Luciano Braga

Nenhuma parte desta publicação pode ser reproduzida, armazenada ou transmitida para fins comerciais sem a permissão do editor. Você não precisa pedir nenhuma autorização, no entanto, para compartilhar pequenos trechos ou reproduções das páginas nas suas redes sociais, para divulgar a capa, nem para contar para seus amigos como este livro é incrível (e como somos modestos).

Este livro é o resultado de um trabalho feito com muito amor, diversão e gente finice pelas seguintes pessoas:
Gustavo Guertler (edição), Fernanda Fedrizzi (coordenação editorial), Germano Weirich (revisão) e Giovanna Cianelli (capa e projeto gráfico).

Obrigada, amigos.

2019
Todos os direitos desta edição reservados à
Editora Belas Letras Ltda.
Rua Coronel Camisão, 167
CEP 95020-420 - Caxias do Sul - RS
www.belasletras.com.br

Dados Internacionais de Catalogação na Fonte (CIP)
Biblioteca Pública Municipal Dr. Demetrio Niederauer
Caxias do Sul, RS

G633e   Gomes, Gabriel
E se fosse diferente / Gabriel Gomes e Luciano Braga.
– Caxias do Sul, RS : Belas Letras, 2019.
128 p.

ISBN: 978-85-8174-502-2

1. Criatividade. 2. Comportamento. 3. Solução de problemas.
I. Braga, Luciano. II. Título.

19/78   CDU   159.954

Catalogação elaborada por Vanessa Pinent, CRB-10/1297

e se fosse diferente?
—

gabriel gomes & luciano braga

Prefácios 9

Introdução 17

Não pense fora da caixa 24

Pense como as coisas

podem ser diferentes 32

O "jeito certo" das coisas 43

A natureza das ideias 75

Criatividade importa 92

E se? 120

PREFÁCIOS

PREFÁCIO POR GABRIEL GOMES

Braga e eu nos conhecemos num curso de criação em Porto Alegre. Olhando para trás e conectando os pontos, faz sentido. Desde o início da nossa amizade, tivemos uma conexão muito forte por causa da nossa vontade de explorar as ideias a partir de uma perspectiva do diferente. Não parava aí. Além de pensar em coisas diferentes, existia uma motivação intrínseca nos dois para realizá-las. Uma certa postura voltada à ação que transformava as ideias em atos reais.

Durante o curso, tivemos algumas oportunidades de trocar ideias e fazer algumas coisas juntos, mas a coisa realmente começou a ganhar tração quando nos encontramos em um lançamento de um projeto de alguns amigos. Decidimos nesse dia, com mais um amigo, também tirar nossas ideias da gaveta. Inspirados pelo momento de ver nossos amigos fazendo algo que nos encheu de orgulho, resolvemos começar a nos encontrar para falar das ideias que tínhamos e preencher nossa vontade de criar para além da vida profissional.

Tanto o Braga quanto eu trabalhávamos no departamento de criação de agências de publicidade de Porto Alegre. Para quem não conhece, esse é um ambiente naturalmente muito fértil a um determinado tipo de criatividade. São livros, pôsteres, artes, referências que deixam qualquer jovem com vontade de criar também. Mas, para o que estávamos tentando fazer, não era o melhor lugar. Os dois compartilhavam de um sentimento de estarem sendo subaproveitados. Sentíamos que éramos pagos para sermos criativos, mas que nossas melhores ideias nunca iam para a rua. Sempre havia alguma justificativa para os projetos em que acreditávamos acabarem numa gaveta.

Dessa insatisfação nasceu a Shoot The Shit. Na época apenas um ambiente onde poderíamos fazer o que quiséssemos. Depois se tornou um coletivo de intervenção urbana criando projetos para deixar Porto Alegre mais afudê.[1] Com o passar do tempo, ganhou forma de empresa e se posicionou como estúdio de comunicação focado em projetos de impacto positivo. E em 2025 será um laboratório de pesquisa e desenvolvimento de nanotecnologia e robótica (brinks). Dessa oportunidade de poder criar qualquer coisa nasceram os projetos que nos alavancaram profissionalmente.

Depois de alguns anos e muitos projetos pela Shoot The Shit, analisando o nosso processo criativo como dupla – e entendo por que alguns resultados nos agradavam mais do que outros –, naturalmente começamos a conversar mais sobre o que é ser criativo, o que é pensar diferente e o que é fazer algo que nos preenche de verdade.

No fundo, muito do nosso trabalho tem a ver com encontrar a felicidade através da ação, de algo prático, da realização de algo. E este livro é mais uma materialização desse comportamento que felizmente compartilhamos. Queremos ver esta obra de pé porque sabemos que ela pode desencadear em outras pessoas uma vida mais intensa e satisfatória criativamente. Mas, para ser bem sincero, acho que o grande valor que este livro traz é o processo. O processo de parar, organizar o pensamento, estruturar algumas ideias, pensar em como fazer diferente, colaborar para um fim comum e dar vida a mais uma ideia.

PREFÁCIO POR LUCIANO BRAGA

Eu sempre fui muito interessado por criatividade. Não apenas em ser criativo, mas também em entender como ela funciona e como impulsioná-la, tanto em mim quanto nas pessoas ao meu redor. Li muito sobre o assunto, livros e artigos mil, mas nenhuma "fórmula" me parecia ser a certa. Aprendi muito com essas leituras, obviamente, só que ao mesmo tempo não via nelas a explicação para a minha criatividade.

"Eu sei que eu sou criativo, mas o que exatamente eu faço que me faz ser criativo?"

Isso eu nunca descobria nos livros e tampouco me observando. A criatividade existia, estava ali, mas eu não enxergava perfeitamente qual era o seu ponto de partida.

Quando Gab e eu viramos parceiros de criação, no início da Shoot The Shit, rapidamente demos um "match" no quesito proatividade. O motivo disso foi que, além de sermos pessoas que gostam de realizar projetos, nós também adoramos pensar em fazer as coisas de uma forma diferente da que era pedida ou esperada pelos outros.

Éramos proativos para pensar uma realidade diferente. Não precisávamos de permissão e tampouco licença. Apenas exercitávamos novas possibilidades sempre que possível.

Como essa palestra pode ser diferente? Como essa aula pode ser diferente? E essa apresentação para um cliente? E essa entrevista por e-mail? E a resposta para esse comentário de um hater?

Lembro que uma vez chamamos para almoçar um cara que falou mal da Shoot The Shit no Twitter. Em vez de confrontar, queríamos entender o que ele pensava e tentar criar uma conexão entre a gente. Nossa mensagem jamais foi respondida...

O que nos movia era uma insatisfação com o comum, uma não resignação, uma vontade de quebrar a rotina. E, na quebra de padrão, vê-se um padrão: insatisfação positiva. Aquela que, diante de um problema ou oportunidade, cria em vez de deixar passar a chance de mudar as coisas. Insatisfação positiva é a "qualidade de sempre querer mais e melhor, não a qualquer custo e não só para si, mas para todos", segundo o filósofo Mário Sergio Cortella.

Querer pensar em como as coisas podem ser diferentes é agir com insatisfação positiva. E esse é o ponto de partida que estava procurando para a minha criatividade. Logo, se funciona para mim, se desperta a minha criatividade, pode ajudar outras pessoas a se tornarem criativas também.

Essa foi a epifania que deu condições para o nascimento deste livro. "Como as coisas podem ser diferentes?" Uma simples pergunta que serve como combustível para colocar nossa criatividade em movimento, e que esperamos que possa entrar em combustão dentro de você também.

INTRODUÇÃO

Independentemente da sua profissão, empresa onde trabalha ou posição nessa empresa, é bem possível que em algum momento da vida você tenha estado em uma conversa/reunião em que alguém disse: "Precisamos pensar fora da caixa!". Se você nunca ouviu essa frase, saiba que um dia ela virá. Ela também pode aparecer no meio de uma palestra, em um livro de autoajuda, em um podcast, em um audiobook ou em uma mentoria. Geralmente vem acompanhada de algum papo sobre fazer as coisas de uma forma diferente, buscar soluções inovadoras para algum problema ou oportunidade.

Essa frase, mesmo que batida, tem a função de dar um senso de importância para a criatividade naquele momento. Ela é um chamado para as ideias originais e disruptivas. Quando está no comando, soluções banais, ordinárias ou óbvias serão desconsideradas. No entanto, essa frase sozinha não salva nada. Pelo contrário, muitas vezes ser chamado a "pensar fora da caixa" gera uma ansiedade desnecessária que bloqueia muitas pessoas na hora de criar.

Vira e mexe, todos nós temos que buscar soluções novas para alguma coisa, mas será que essa é a melhor frase para provocar a imaginação, a criatividade, a inovação? O que é, afinal, pensar fora da caixa?

Nós acreditamos que todas as pessoas podem ser criativas. Do mesmo jeito que todo mundo pode ser inteligente, ou sensível, ou curioso, ou honesto, ou calmo, ou engraçado. As pessoas são diferentes em suas características e algumas têm mais aptidão em determinadas habilidades do que em outras.

Tendo dito isso, é possível que sua fortaleza não seja a criatividade. Mas é importante que você saiba que essa característica está em todos nós. Como diz Ai Weiwei, artista contemporâneo chinês: "A criatividade faz parte da natureza humana. Só pode ser desaprendida". Nascemos com essa habilidade de criar porque todos nós nascemos com a capacidade de imaginar. A imaginação é um dos principais aspectos que diferenciam nós, humanos, de todos os outros seres vivos. E é da imaginação que vem a criatividade.

Portanto, se você consegue imaginar, você consegue pensar em coisas diferentes. E se você consegue pensar em coisas diferentes, você consegue alcançar a criatividade.

Não subestime sua capacidade de aprender. Mesmo não tendo "criatividade" na lista de fortalezas, nada o impede de compreendê-la, analisá-la e, no melhor dos casos, praticá-la. Estamos biologicamente preparados para aprender e evoluir. Com o método certo e certa dose de comprometimento e dedicação, podemos nos tornar mais inteligentes, sensíveis, curiosos, honestos, calmos, engraçados, criativos. Basta querer. Dá para entender o raciocínio?

Sim, acreditamos que criatividade é uma característica que pode ser treinada, mas que tem menos a ver com o que você faz e muito mais a ver com a forma como você pensa, seu modelo mental. Mesmo só podendo analisar a criatividade sob a perspectiva do resultado, todos os grandes acadêmicos que estudaram criatividade – Edward De Bono, Bruno Munari, Gianni Rodari, Domenico De Masi, entre outros – acreditavam que, anteriormente ao resultado criativo, há a capacidade de ter pensamento divergente. Ou seja, um tipo de pensamento que busca gerar novas alternativas. Um pensamento que busca quebrar a lógica do tradicional. Um pensamento que permite ao incomum ganhar vida.

Para nós dois, a grande motivação para escrever este livro é saber que essa é uma habilidade que pode ser ensinada. E, ao compartilharmos algumas reflexões, percebemos que existem alguns gatilhos que estimulam as pessoas a ter pensamentos mais divergentes, e que isso pode ser aplicado em absolutamente todos os aspectos da vida.

Queremos falar sobre esse assunto de uma forma leve e objetiva. Nossa ideia é mostrar que ser criativo é mais fácil do que se imagina. E que, na verdade, a maioria de nós já é criativa. Porém, vivemos em ambientes padronizados, que julgam demais as coisas que são feitas de forma diferente. O próprio sistema de educação tradicional é um dos grandes limitadores para essa criatividade aflorar no desenvolvimento dos jovens.[2] Pesquisas realizadas com crianças entre 3 e 5 anos mostraram que elas tinham 84% de capacidade de pensar de forma não linear, divergente (características do pensamento criativo). Já entre 8 e 10 anos, e depois entre 13 e 15, esse valor caía para 32% e 10%, respectivamente.[3]

Chegamos à fase adulta acreditando que não somos criativos e, se não quebrarmos essa lógica rapidamente e de forma consciente, vamos viver assim até o fim dos nossos dias. Achar que não somos criativos é uma crença limitante que nos bloqueia de explorar o mundo de uma forma diferente, usar melhor nossas habilidades e ressignificar nossa relação com as coisas que a gente faz.

"Obrigada por usar o meu cérebro", foi a frase que a mãe do Gab Gomes ouviu uma vez de uma funcionária, quando esta foi provocada a criar algumas soluções diferentes para os problemas da faculdade. O convite que ela recebeu foi: "Você tá cansada de fazer as coisas do mesmo jeito, né? Se você pudesse organizar esses documentos de uma forma diferente, como você faria?". Depois de horas trabalhando em documentos antigos que precisavam ser digitalizados, planilhas que precisavam ser organizadas, salas que precisavam ser limpas, papeladas que precisavam ser agrupadas, um momento de descanso... E ela lança: "Obrigada por usar o meu cérebro. Estou me sentindo útil, pela primeira vez, em oito anos trabalhando aqui".

Essa pessoa é criativa? Talvez ela não se considere criativa. Mas foi dada a ela a oportunidade de fazer as coisas de uma forma diferente. E ela sentiu isso. Nós realmente acreditamos que as pessoas não precisam ser criativas. Elas podem ser o tipo de pessoa que gosta de pensar diferente em situações específicas, por se incomodar com o "jeito certo". E incomodar-se com o "jeito certo" é o que está por trás da pergunta central deste livro: "Como isso pode ser diferente?".

COMO ISSO PODE SER DIFERENTE?
—

POR GAB

Durante umas três semanas, um problema no meu apartamento me incomodava muito. Quatro tacos do parquê do chão haviam descolado e estavam desencaixados. Com alguma frequência eu batia o pé e tropeçava porque eles estavam salientes. Eu estava meio preguiçoso na época e sempre arranjava uma desculpa para não chamar alguém para arrumar o chão do apartamento. Fiquei nessa função por um tempo: sempre que eu chutava o taco e ele saía do lugar, eu me abaixava e tentava posicioná-lo do "jeito certo", mesmo sabendo que em alguns minutos ele estaria deslocado de novo.

Depois de algum tempo tentando me enganar, achando que do jeito que estava, estava bom, eu tive um estalo. Na estante da

sala tinha uma caixa com MUITOS Legos. Meus olhos brilharam e eu pensei: "Será?". E não é que os Legos encaixaram PER-FEI--TA-MEN-TE no espaço dos quatro tacos? Nem um centímetro a mais, nem um centímetro a menos.

    Me achei criativo porque combinei um elemento de outro universo para resolver um problema. Coincidentemente, as peças do Lego se encaixaram perfeitamente, gerando um efeito estético maravilhoso. Essa não era a melhor solução para o problema. Mas deixei os Legos cumprindo essa função por mais de um mês no apartamento.

NÃO PENSE FORA DA CAIXA

Vamos voltar à expressão "pensar fora da caixa". Ela talvez seja a dica de criatividade mais conhecida e difundida no mundo. "Quer ser criativo? Pense fora da caixa!". "Precisamos pensar fora da caixa", "você precisa pensar fora da caixa!" é o que palestras, vídeos "inspiracionais" e pessoas em cargo de gerência disseminam mundo afora diariamente.

Essa expressão tem seus méritos? Claro! Mas, sinceramente, sua aplicação no dia a dia é bem difícil. Isso porque "pensar fora da caixa" significa ter uma ideia que ninguém nunca teve ou pensar na coisa mais original possível. Ela geralmente estimula as pessoas a pensar em soluções que fogem do padrão e ir por caminhos novos.

Ok, isso é bom. Fazer as pessoas pensarem em novas possibilidades é um ótimo conselho. O problema é que existe uma distância muito muito muito muito muito grande entre precisar de uma ideia e ter uma ideia considerada fora da caixa. Talvez você concorde com a gente, pensar fora da caixa parece algo bem distante, não? Não parece algo fácil e que qualquer pessoa seria capaz.

Vamos supor que você seja um *personal trainer* e precise pensar em um novo cartão de visitas para divulgar seus dados quando conhecer pessoas novas nas academias. Você quer um cartão diferente que chame a atenção da pessoa desde o início e mostre que você não é igual aos outros.

"Ok, preciso pensar num cartão de visitas. Ah, me lembrei de uma dica que vi numa palestra: pense fora da caixa. Ok, pensar fora da caixa. Hmmmmm. Cartões de visitas geralmente têm tamanho 5x9 cm e têm nome, telefone, e-mail e site. Como ele seria fora da caixa? Como ele seria algo diferente do que todo mundo está acostumado? Como eu poderia inovar? Não sei! Crise de pânico."

Isso é um cenário muito real de acontecer. Essas são perguntas difíceis de serem respondidas. O que essa pessoa está tentando fazer é pensar numa ideia que ninguém nunca teve, e isso pode facilmente paralisar alguém. Por ter a necessidade de pensar algo muito fora do comum, a pessoa acaba travando, pois não consegue chegar nem perto disso.

Essa trava acontece por alguns motivos. Quando discutimos sobre a expressão "pensar fora da caixa", além da subjetividade, conseguimos identificar outros quatro problemas, que são: (a) a ausência de prática; (b) ela te arremessa ao resultado, esquecendo do processo; (c) a invisibilidade do "jeito certo"; e (d) a solução sempre está na caixa.

A AUSÊNCIA DE PRÁTICA

Muitas vezes, quem está mandando pensar fora da caixa e/ou quem está sendo cobrado a pensar fora da caixa não tem o hábito de pensar fora da caixa. Se tivesse o hábito, inclusive, não usaria essa expressão. A trava acontece justamente pelo desconforto natural de ter que mudar algo que já tem um formato tradicional. Então, é natural uma pessoa que não é estimulada a pensar em soluções diferentes sentir essa trava porque ela sabe que não tem prática naquela função. E pedir a uma pessoa sem experiência nenhuma para fazer algo que requer conhecimento é uma sacanagem. E isso gera ansiedade.

Exigir que uma pessoa que não é estimulada a trabalhar ativamente com criatividade pense fora da caixa é como pedir para uma pessoa que está começando a jogar boliche para fazer um *strike*. É muito difícil jogar a bola uma primeira vez e fazer um *strike*. É muito difícil, nas primeiras 40 bolas que você jogar, fazer um *strike*. Tem muita coisa que seu corpo precisa entender: o peso da bola, a força necessária para derrubar os pinos, o efeito adequado para atingir os pinos no lugar certo, mil coisas. *Strike* é algo que se atinge depois de muita prática. Primeiro é preciso ir derrubando os pinos, praticar e se acostumar a derrubar um a um, pegar o jeito de como segurar a bola, como jogá-la, a força necessária, os caimentos da pista. Para depois, já tendo experiência e técnica, derrubar todos de uma vez só.

Muitas vezes percebemos que as pessoas estão travadas no processo de ter uma ideia, simplesmente pelo fato de que elas não estão acostumadas a exercitar o processo de ter ideias. E, por isso, "pensar fora da caixa" não é um convite bom o suficiente.

ELA TE ARREMESSA AO RESULTADO, ESQUECENDO DO PROCESSO

O segundo problema que identificamos com essa expressão é que ela não fala sobre o processo, apenas sobre o resultado. E inovação é sobre processo. Se alguém falar que você precisa pensar fora da caixa, faça uma pergunta provocativa a essa pessoa: "Como? Como você quer que eu pense fora da caixa?". A resposta do "como" fala sobre o processo, e não sobre o resultado. E é aí que muitas pessoas também travam, porque elas não sabem por onde começar.

Por isso é importante conhecer o seu processo criativo para orientar a forma como você cria. Só que esse caminho não é ensinado pela expressão "pense fora da caixa". Ao que parece, ela lhe joga a responsabilidade de ir logo para o ponto B do mapa, sem mostrar todas as possibilidades de rotas pelo caminho.

Ideias originais geralmente são ideias que talvez ninguém tenha tido ainda. E, se ninguém pensou, imaginá-las é um processo dificílimo, não? Como vamos pensar em ideias diferentes para um cartão de visitas, sendo que não sabemos o que é uma ideia diferente para um cartão de visitas?

Você não pula do zero para uma ideia original. Uma ideia original é uma construção (vamos falar mais disso daqui a pouco, no Mito da Criação). Primeiro pensamos numa ideia boba, depois numa outra ideia boba, depois numa ideia mais ou menos, depois outra boba, daí nos lembramos de uma cena que vimos num filme, então conectamos essa ideia com uma ideia boba mais uma sugestão de uma pessoa e bum: nasce uma ideia original.

A INVISIBILIDADE DO "JEITO CERTO"

Antes de saber como fazer diferente, você precisa saber como a coisa é feita. Antes de pensar em mudar, você precisa saber como é. Chamar para pensar fora da caixa não deixa claro qual é o "jeito certo" das coisas. Quais padrões precisam ser quebrados, ou o que não está funcionando, ou qual aspecto do problema precisa ser revisto. Trabalhando nessa área e observando as transformações tecnológicas que aconteceram nas duas primeiras décadas deste século, podemos perceber que na maioria das vezes as grandes inovações não mudam tudo em um produto ou serviço. São inovações incrementais que fazem toda a diferença.

As grandes ideias surgem quando as pessoas por trás delas estão, de certo modo, brincando com a forma natural das coisas. Dificilmente, descarta-se algo para se começar tudo do ponto inicial, do zero. Pensar fora da caixa não oferece essa noção. Esse chamado dá a entender que tudo o que temos até agora precisa ser jogado fora e que a solução está fora da caixa.

Passar um tempo tentando entender como as coisas são pode trazer muitas novas perspectivas para que você, em seguida, possa pensar com mais insumos em "como isso pode ser diferente". E, infelizmente, "pensar fora da caixa" não estimula que a gente olhe para como as coisas são hoje, pelo contrário.

A SOLUÇÃO SEMPRE ESTÁ NA CAIXA

A caixa é tudo aquilo que é comum a nós. É tudo que conhecemos, o contexto em que vivemos, as informações que temos. Já a parte externa dela é o desconhecido, as informações que não temos, as coisas que não conhecemos e com as quais não temos contato. Logo, "pensar fora da caixa" é pensar com coisas que não conhecemos. Como é possível fazer isso? Como vou pensar usando como matéria-prima aquilo que a mim é completamente desconhecido?

Ninguém tem uma ideia utilizando um conceito ou objeto que não conhece. Isso é impossível. O homem das cavernas não pensou no fogo como solução para o frio antes de ver o fogo com os próprios olhos. Primeiro ele conheceu o fogo, depois ele virou insumo para uma ideia posterior. Para termos uma ideia criativa, precisamos obrigatoriamente ter contato com os fundamentos que a deixam de pé.

Em vez de buscarmos por soluções intangíveis, precisamos buscar dentro da própria caixa – ou seja, o universo de coisas que sabemos – a solução para um problema. Para isso, nossa caixa precisa estar sempre bem abastecida e rica em referências, mas isso é um assunto de que falaremos mais para frente.

Beleza, agora que gastamos algumas páginas tentando destruir a expressão "pensar fora da caixa", vamos falar de coisa boa. Qual é o "jeito certo", então? Ficou claro para você que "pensar fora da caixa" é uma dica incompleta? Você entendeu que não apoiamos o uso dela porque ela não pega a pessoa pela mão e a ajuda a trilhar o percurso para ter uma nova ideia? A gente sente que para todo mundo que está conhecendo um novo conteúdo ou aprendendo uma prática nova, objetividade ajuda muito. É importante que isso tenha feito sentido para você, porque agora vamos começar a falar sobre uma alternativa ao "pensar fora da caixa". Algo bem mais próximo do nosso dia a dia, fácil de implementar e justo com as pessoas que não trabalham com criatividade diariamente em suas profissões.

COMO ISSO PODE SER DIFERENTE?

Nós nos conhecemos em 2009. Éramos colegas de um curso e, alguns meses depois, junto de outro amigo, tivemos a ideia de criar a Shoot The Shit. A dinâmica consistia em nos perguntarmos constantemente como as coisas poderiam ser diferentes. Esse olhar de questionamento não servia apenas para esse projeto, mas nos acompanhou também quando ele virou empresa, assim como nos acompanhou em outros projetos que tocamos juntos ou separados.

Dessa visão de pensar como as coisas poderiam ser diferentes nasceram empresas inovadoras, livros criativos, palestras diferentonas, reuniões inusitadas, momentos de descontração, contratação de pessoas em novos formatos, propostas de trabalho incomuns e ideias que não só nos marcaram, como também marcaram a vida de outras pessoas.

Uma das primeiras ações da Shoot The Shit: um divisor de vagas de carros que virou um cigarro apenas com um adesivo.

Pensar em como as coisas podem ou poderiam ser diferentes mudou a nossa vida. Nos fez sair do caminho tradicional e enxergar o mundo como um lugar que podíamos moldar, adaptar, onde podíamos colocar a nossa cara. Ao criar coisas novas, não só crescemos profissionalmente, mas também como pessoas, vivendo vidas mais interessantes e aleatórias (coisa que amamos) e saindo da mesmice que atinge a rotina de muitas pessoas.

Estar constantemente se perguntando "como isso pode ser diferente?" foi o que nos trouxe até aqui. E você pode ver que a forma de usar essa pergunta é bem simples: basta pegar um problema e se perguntar como a solução para ele poderia ser diferente.

Vamos mostrar como funciona na prática. Você, *personal trainer*, continua precisando de uma nova ideia para seu cartão de visitas, pois "pensar fora da caixa" não ajudou muito. Então você se pergunta: como um cartão de visitas pode ser diferente? Não inovador, não original, não fora da caixa, apenas diferente, que não se assemelhe com o comum (tamanho 5x9 cm, nome, telefone, e-mail e site). Nós vamos ajudá-lo a encontrar 10 respostas:

1. Ele pode ser o verso de uma folha de papel já utilizada onde você mesmo escreve seus dados. Esse formato tem a vantagem de, além de econômico, ser sustentável.

2. Ele pode ser uma imagem que você manda na hora por WhatsApp, assim você já tem um canal de contato aberto com um possível cliente. E também é sustentável.

3. Ele pode ser um áudio de WhatsApp que você manda para a pessoa.

4. Ele pode ser um carimbo com os seus dados e você carimba em qualquer superfície que o cliente tenha à disposição.

5. Ele pode ser uma tatuagem temporária de um desenho que tem os seus dados dentro e que a pessoa leva para dar pro filho.

6. Ele pode ser uma tatuagem em você, daí quem quer os seus dados precisa tirar uma foto dessa tatuagem.

7. Ele pode ser um carimbo na pessoa, você carimba a pele dela com seus dados.

8. Ele pode ser um carimbo numa nota de dinheiro que a pessoa tem disponível (dinheiro é um papel que todo mundo sempre tem à mão).

9. Ele pode ser um adesivo colado numa moeda de 1 real. Daí você dá essa moeda para esse possível cliente. Ele tira o adesivo e ainda tem 1 real para usar.

10. Ele pode ser um marcador de página de livro. Daí o cliente sempre vai ver o seu contato quando for ler.

Perceba que não estamos em busca da ideia mais original do mundo, nem de algo que ninguém nunca pensou. Estamos apenas brincando com possibilidades diferentes de um formato já estabelecido. Nada de caixa, nada de subjetividade. Nos perguntamos como um cartão poderia ser diferente e 10 ideias surgiram.

Se pensássemos por mais tempo, sairiam mais ideias. Mas, caso alguma já agrade, você poderia escolher a melhor delas e ir em frente. Problema solucionado e, caso você tenha escolhido alguma ideia que não seja a de um cartão 5x9 cm com os seus dados, solucionado de forma criativa.

Talvez a solução que você encontrou não seja vista como "fora da caixa". Ela não revolucionou o mercado de cartões de visitas, tampouco o levou para dar palestras ao redor do mundo sobre seu novo cartão. Porém, sempre que você o entrega para um cliente, ele olha e se surpreende, ou faz um comentário positivo. Bingo. Você fez algo diferente.

A dica "pense fora da caixa" geralmente vem abraçada a exemplos de ideias "fora da caixa" que revolucionaram o mundo ou mudaram mercados para sempre. Isso faz com que, sempre que nos pedem para pensar fora da caixa, associemos que nossa ideia precisa ser a nova roda ou o novo Uber. Mas ser criativo nem sempre é encontrar uma ideia que mude o mundo ou um mercado específico. Esses exemplos de ideias "fora da caixa" são a cereja do bolo, mas não são as únicas coisas criativas que existem. São originais? São. Entretanto, não se aplicam para o nosso dia a dia.

Queremos que você esqueça a caixa. Esqueça ter a ideia mais original do seu continente. Pensar em ideias originais é bem mais difícil que pensar em ideias diferentes.

"VOCÊ NÃO PODE ESGOTAR A SUA CRIATIVIDADE. QUANTO MAIS VOCÊ USA, MAIS VOCÊ TEM."

MAYA ANGELOU

E esse é o nosso convite para quem está lendo este livro e quer utilizar mais a criatividade no seu dia a dia. Pergunte-se como as coisas poderiam ser diferentes. Sem julgar, sem tentar encontrar apenas uma única resposta original. Apenas desapegue dos formatos tradicionais das coisas e brinque com a quantidade de formatos em que elas podem se apresentar.

Como os móveis da sua sala podem estar dispostos de um jeito diferente?

Como o jantar que você vai fazer poderia ser diferente?

Como as roupas do seu armário poderiam estar organizadas de uma forma diferente?

Como o seu feed do Instagram poderia ser diferente?

Como o seu currículo poderia ser diferente?

Como a biografia do seu livro poderia ser diferente?

Como seu vídeo de inscrição para um reality show poderia ser diferente?

Como a forma com que você cria seu filho ou filha poderia ser diferente?

Como o seu pedido de casamento pode ser diferente?

Pessoas que respondem a essas perguntas com soluções fora do padrão tradicional são aquelas que são vistas como criativas aos olhos dos outros.

A Marie Kondo, especialista japonesa em organização pessoal e que tem uma série na Netflix, achou uma forma diferente de organizar roupas e é uma sensação mundial. São os vídeos diferentes que chamam a atenção dos juízes em processos seletivos, seja de um reality show, seja de uma vaga de emprego. E, por melhor que sejam os pratos simples, são pessoas que reinventam a culinária as protagonistas de séries de comida de que o mundo inteiro gosta.

COMO ISSO PODE SER DIFERENTE?

Certa vez, Marcus Samuelsson, um renomado chef etíope-sueco, era um dos 16 chefs que disputavam o posto de responsável pelo primeiro jantar de Obama à frente da presidência dos EUA. Como tradição, o primeiro jantar de um presidente americano era sempre um prato franco-americano, uma regra que existia desde o século anterior. Esses 16 chefs tinham que preparar um prato assim e o melhor ganharia. O que Marcus fez? Fez uma refeição totalmente diferente. Um prato indiano vegetariano (o jantar era entre Obama e Narendra Modi, primeiro-ministro indiano) surpreendeu a todos e venceu a disputa.

É provável que, variando suas ideias dentro da cozinha franco-americana, todos os 16 chefs tenham pensado: "Como meu prato pode ser diferente?". Mas Marcus foi além. Ele pensou: "Como meu prato pode ser diferente de todos os outros que vão estar na disputa?". O resultado foi algo fora do padrão, que não concorreu de igual para igual com os outros.

Se no início da disputa ele tinha uma chance em dezesseis de ganhar, ao ir por outro caminho e quebrar o padrão de forma deliberada, ele mudou essa estatística de $1/16$ para $1/2$. Ou seja, 50% de chances de ganhar. Era o prato dele ou o prato dos outros. E ele venceu.

Nosso foco não é ensinar você a realizar projetos criativos ou ganhar um prêmio de inovação. Queremos ajudá-lo a mudar a forma como você pensa na hora de resolver problemas. O objetivo aqui é que você adquira um olhar que permita enxergar novos caminhos sempre que possível. Ter essa habilidade é a primeira etapa no processo de gerar ideias criativas. É por causa desse olhar que, quando um buraco surgiu, o Gab pensou em usar peças de Lego, não apenas em chamar alguém para consertar.

Então, caso você queira ser uma pessoa criativa, é hora de olhar para a forma como as coisas são e pensar em como elas poderiam ser diferentes.

"PESSOAS CRIATIVAS NÃO ENXERGAM AS COISAS SOMEN-TE PELO QUE ELAS SÃO, E SIM POR AQUILO QUE ELAS PODEM SER."

JULIE ISRAEL

O "JEITO CERTO" DAS COISAS

A gente tenta, tenta, tenta, até que consegue fazer algo de um jeito que funciona. Aí a gente repete e funciona de novo. E de novo. E de novo. As coisas que existem no mundo geralmente têm um formato tradicional, que foi repetido inúmeras vezes até acreditarmos que aquela é a maneira que melhor funciona. O pão, a bicicleta, as escadas, um prédio, um barco, um aviso para não jogar lixo no vaso. Embora existam diferentes tipos de pães e modelos diferentes de barcos, por exemplo, eles ainda assim seguem uma lógica, um padrão tradicional que é mais comum à sociedade. A forma como as coisas costumam ser. Vamos chamar isso de "Jeito Certo". "Jeito Certo" é o jeito como as coisas sempre foram feitas, e que as pessoas têm medo de mudar – ou mudam muito pouco – justamente porque sempre foram feitas assim.

Como neste livro estamos pedindo que você pense em formatos diferentes para as coisas, para que isso aconteça, você precisa reconhecer os padrões que existem ao seu redor. Ou pelo menos saber que eles existem.

Por exemplo, se estamos pedindo que você pense como algo pode ser diferente, e você quer empreender um restaurante que seja diferente dos outros para atrair mais clientes, antes de pensar em "como um restaurante pode ser diferente?", primeiro você deve saber reconhecer como é um restaurante padrão.

Imagine um restaurante padrão. Ele é um estabelecimento com luz artificial, mesas e cadeiras. Ao chegar nele você tem acesso ao seu cardápio e usa-o para fazer pedidos para alguém que está lhe atendendo. Esse pedido vai ser repassado para a cozinha, que vai fazer sua comida e, quando ela estiver pronta, vai chegar na sua mesa quentinha (se o restaurante for minimamente bom). Você come, paga e vai embora, o restaurante lava os pratos e as toalhas de mesa e no outro dia está aberto do mesmo modo que estava no dia anterior.

Pronto. Agora, se você quiser pensar em como um restaurante pode ser diferente, você já tem insumos que lhe ajudam a chegar mais rapidamente a ideias variadas: luz, mesas, cadeiras, cardápio, pessoas atendendo, cozinha, comida e por aí vai.

Como um restaurante pode ser diferente? Ele pode não ter cadeiras. Ele pode não ter cardápio. Ele pode não ter pessoas atendendo e você pede sua comida no balcão. Ele pode ter apenas uma grande mesa e as pessoas comem juntas, ao invés de cada uma na sua mesa. Ele pode não ter cozinha e cada pessoa leva sua comida e vende para outra. Ele pode ter um cardápio que varia todos os dias, dependendo do que tem para vender no mercado local. Dá para brincar bastante apenas reconhecendo os padrões e imaginando como eles podem ser diferentes.

Os irmãos que inventaram o McDonald's pensaram num restaurante sem mesas, em que você faz o pedido direto na cozinha.[4] Nem precisamos dizer que acertaram em cheio. Outro restaurante que também virou uma rede de estabelecimentos de sucesso é o Dans le Noir?, um lugar que vendava os clientes quando eles entravam e as pessoas comiam a refeição sem enxergar em nenhum momento o que estavam comendo. Apenas no final. Diferente, não?

Às vezes, reconhecer o "Jeito Certo" é fácil, simples e tangível. Um convite de formatura, por exemplo. Ele é quase sempre impresso em papel grosso, com textos em letra cursiva, em tom sério e enviado às casas das pessoas num envelope fosco, na maioria das vezes preto com texto em dourado. Se pararmos para pensar "como isso pode ser diferente?", fica fácil de começar, porque o "Jeito Certo" é observável.

Mas e quando não é tão fácil assim? Daí é preciso olhar para trás, ou para os lados, e passar um tempo investigando qual é o "Jeito Certo". Como as pessoas fazem? Quem fez da última vez? Como ficou? Se foi você que fez, por que fez daquele jeito? É importante gastar um tempo olhando para a coisa que você deseja fazer diferente.

Uma *newsletter*, por exemplo. *Newsletter* é um formato cada vez mais usado por marcas e pessoas que empreendem para atingir seus públicos. Mas ela não tem um padrão definido. Veículos de notícias mandam resumos do que aconteceu no dia, empresas que vendem produtos mandam seus catálogos, pessoas que dão consultoria mandam artigos interessantes sobre seu mercado. Existe uma infinidade de formatos, logo, o "Jeito Certo" é um conjunto de formas mais comumente utilizadas. Estudar esses formatos nos ajuda a encontrar padrões, e são esses padrões que vamos tentar quebrar.

COMO ISSO PODE SER DIFERENTE? POR BRAGA

Campanhas de doação de sangue sempre focam em pessoas que podem doar, visto que o foco é incentivar possíveis doadores a doarem seu sangue, e não as pessoas que por algum impeditivo não podem. Mas será que só quem pode doar é que pode contribuir com essa causa? E quem não pode, mas tem um carro que poderia servir de carona para pessoas que podem? E quem não pode, mas é influente e pode divulgar informações úteis sobre doação? E quem não pode, mas conseguiria mobilizar uma turma do trabalho para ir doar na hora do almoço? Foi pensando nisso que a Shoot The Shit criou uma campanha nacional de doação de sangue focando tanto em pessoas que podiam doar quanto em quem não podia. Dessa forma, conseguimos aumentar o número de pessoas que poderiam se interessar pela campanha, levando mais sangue para os hospitais do país.[5]

"SE VOCÊ QUER ALGO NOVO, VOCÊ PRECISA PARAR DE FAZER ALGO VELHO."

PETER F. DRUCKER

DOAR SANGUE SALVA ATÉ 3 VIDAS. DAR CARONA PARA UM AMIGO IR DOAR, TAMBÉM.

Existem várias formas de contribuir com a doação de sangue. Acesse **todossomosdoadores.com** e converse com a gente para descobrir como você pode ajudar.

#TodosSomosDoadores

DOAR SANGUE SALVA ATÉ 3 VIDAS. POSTAR ESSA INFO NO FACE PODE SALVAR AINDA MAIS.

Existem várias formas de contribuir com a doação de sangue. Acesse **todossomosdoadores.com** e converse com a gente para descobrir como você pode ajudar.

#TodosSomosDoadores

MITO DA ESPONTANEIDADE

Muita gente acredita que a criatividade é uma habilidade indomável, selvagem. "Processo criativo não pode ter regras ou fórmulas! A criatividade é espontânea!" Essas pessoas fogem de qualquer método, crendo que basta parar para pensar que a criatividade vai aparecer. Têm aversão ao processo, acreditando que seu cérebro tem que estar solto para chegar a resultados interessantes.

Acontece que, sim, várias pessoas não precisam de processo para serem criativas. Na verdade, acreditamos que as pessoas que não precisam mais de processo, na verdade, já passaram tantas vezes pelo mesmo processo que já internalizaram as etapas do que deve ser feito, dando a impressão de que criam naturalmente. Já a grande maioria, essa sim, precisa de processo. Seguir um processo é acostumar o seu cérebro com um caminho seguro, permitindo que ele, a cada "caminhada", se acostume cada vez mais com a responsabilidade de ser imaginativo e inovador. E quem acostuma seu cérebro a pensar diferente terá mais chances para a criatividade se manifestar.

QUEBRANDO O "JEITO CERTO"

Estar consciente do "Jeito Certo" é o início do processo de tentar quebrar o "Jeito Certo". Com alguma frequência, a jornada por essa busca do "jeito errado" nos leva ao território da criatividade, onde as coisas erradas, diferentes, estranhas passam a ter aspecto de criativo, justamente por brincar, entortar, expandir, remixar, bagunçar o padrão.

"Ok! Entendi. Temos que estar conscientes de que existe um "Jeito Certo" para então tentar quebrá-lo. Mas depois que eu encontrei o "Jeito Certo" – que normalmente não é tão difícil de encontrar – como eu posso criar ideias diferentes?"

Legal. Essa é uma ótima pergunta. E a resposta é: "Depende". Como já dissemos anteriormente, existem diferentes processos criativos e cada pessoa tem uma facilidade ou familiaridade maior com cada tipo. O mais comum deles é o *brainstorming*, que é um método de geração de ideias que segue algumas regras básicas, como: gerar o máximo possível de ideias, anotar tudo que for sugerido e não julgar as ideias alheias. A premissa dele é dar luz ao maior número possível de alternativas para um problema.

Nós usamos o *brainstorming* na nossa vida profissional, mas para quem gosta de uma coisa mais processual, organizada e direcionada, vamos sugerir uma forma de pensar que é quebrar o "Jeito Certo" através de 10 formas das quais as ideias nascem. Por mais diferente que seja uma ideia, todas elas praticamente surgem de 10 padrões. São eles: inversão, agrupamento, desagrupamento, repetição, exagero, combinação, adição, subtração, diferenciação e adaptação. Olhar para um problema ou oportunidade e exercitar quebrar o padrão de uma dessas formas pode levar suas ideias para caminhos totalmente diferentes. Esses padrões também por vezes se entrelaçam e se somam para produzir sugestões novas.

Para usar essa dica de modo eficiente, o problema (desafio, oportunidade, necessidade) que você quer resolver e o "Jeito Certo" (forma como as coisas costumam acontecer) devem estar claramente definidos.

Vamos ao passo a passo para quebrar o "Jeito Certo":

PASSO 1:

Definir o problema. Muitas vezes estamos trabalhando numa solução sem ter entendido o problema realmente. Para você, o problema está claro? É importante que você saiba a qual pergunta você está tentando responder. Se você conseguir dizer o que está tentando fazer, você consegue formatar isso em uma pergunta. Exemplo: Eu estou tentando escrever um livro sobre cria-

tividade. Pergunta: Como um livro de criatividade pode ser diferente?

PASSO 2:

Depois de definir qual é o problema, você deve identificar o "Jeito Certo" e os aspectos que constroem esse "Jeito Certo". Esses aspectos são os elementos que poderão ser substituídos por formas diferentes, e muitas vezes as ideias surgirão daí. Pegando o exemplo do passo anterior, qual é o "Jeito Certo" de um livro?

PASSO 3:

Para cada um dos padrões que formam as ideias, você vai separar alguns minutos e buscar quebrar o "Jeito Certo". Digamos que você tenha escolhido, da lista acima de 10 padrões, a inversão. Separe entre 15 e 20 minutos para pensar apenas em como o "Jeito Certo" pode ser invertido. Continuando com o exemplo do livro para você entender o que é inverter

o "Jeito Certo": se o normal é o livro ser com capa dura e folhas dentro, inversão é a capa ser bem no centro do livro. Ou o livro começar pelo fim.

É importante não se apegar à funcionalidade da ideia agora. Não se preocupe se as ideias forem inviáveis e absurdas. Não é hora de julgar. Apenas de criar. Frases soltas sinalizando caminhos possíveis para você ou seu time dar os próximos passos.

Inversão — Virar o "Jeito Certo" de ponta-cabeça. Espelhar o normal e encontrar o oposto. Muitas vezes, a forma mais simples de fugir do óbvio é fazer o contrário. O oposto já é fora do padrão e já chama muito a atenção. Se o pai leva a filha para o colégio, a inversão é a filha levar o pai para o colégio. Se o "Jeito Certo" é o médico cuidar do paciente, a inversão é o paciente cuidar do médico. Inclusive, essa é uma técnica muito utilizada na publicidade e na comédia, porque a inversão normalmente gera situações mais engraçadas por serem o oposto do que estamos acostumados.

Agrupamento — Juntar o que hoje está separado. E se, em um único aplicativo, você pudesse pedir comida em casa vindo de diferentes restaurantes? Nesse caso é onde encontramos todos os principais serviços de compras contemporâneos: um shopping, Amazon, iFood, Mercado Livre. Esses sites são grandes centralizadores de serviços. Um exemplo mais simples seria uma lavanderia que também é uma lan-house.

Desagrupamento — Separar o que hoje está junto. Uma empresa tem apenas um serviço para todos os seus clientes. E se ele dividir o serviço macro em vários pequenos serviços e vender separadamente segmentando para cada perfil de cliente?

Um exemplo muito bom para mostrar a lógica do desagrupamento é o *knolling*. Esse é um processo de separar e dissecar parte por parte, peça por peça, deixando todos os componentes de um objeto à mostra. O *knolling*, como linguagem, permite acessar linguagens e insights a partir da observação das partes de um pequeno sistema. O fotógrafo canadense Todd McLellan desenvolveu uma série de fotografias visualmente impressionantes, apenas desagrupando objetos que ele tinha em casa.

Repetição — Aumentar a quantidade ou a frequência de uma determinada ação ou prática. Uma frase em um muro pode não chamar a atenção. Uma frase repetida mil vezes em um muro com certeza chamará mais a atenção.

©Todd McLellan, All Rights Reserved

COMO ISSO PODE SER DIFERENTE?

Ralph Kerle, consultor de empresas australiano, começou a remar depois de passar por uma crise de meia-idade. Passou a gastar parte do seu tempo remando nas águas de Sydney como forma de tratar a depressão. Em um dos dias de prática, levou uma câmera fotográfica para registrar as lindas formas abstratas que a luz do sol fazia na superfície da água. No dia seguinte, fez a mesma coisa: tirou uma foto do mesmo local. Passou a repetir isso todos os dias, sempre em busca de uma foto única da "mesma" água que sempre esteve lá. Além da notável beleza das fotos, a repetição faz dessa história algo muito especial.

Veja no site www.ralphkerlesart.com

Exagero — Empurrar algo ao seu extremo, para mais ou para menos. Exemplo: A festa sempre teve cinco horas. E se agora ela tivesse 50 horas? E se agora ela tivesse cinco minutos? A maior/menor exposição de arte do mundo. Uma pizza de 50 metros de diâmetro. Uma pizza de 5 cm de diâmetro.

Florentijn Hofman é um artista holandês apaixonado pelo exagero. É possível ver que ele explora visualmente o gigantismo em todas as suas obras. Uma das suas instalações mais famosas é o Rubber Duck, um pato de borracha com mais de 20 metros de altura, que fica sobre a água durante quatro a cinco semanas.

Cortesia Studio Florentijn Hofman

Combinação — Misturar coisas de universos diferentes. O Skate no Asilo é um exemplo muito bom para mostrar a potência que a combinação entre dois universos distantes pode gerar. Esse é um projeto desenvolvido pela Smile Flame, de Porto Alegre, e nada mais é do que um campeonato de skate amador, dentro de um asilo, onde os juízes são os vovôs e as vovós que estão lá. É um dia superdivertido, com música, shows, comidinhas. O Skate no Asilo quebra o padrão de normalidade, transformando um lugar que é mais frio, silencioso e pacato em um espaço para a juventude se encontrar, conhecer os vovôs e vovós e animá-los com sua energia e manobras radicais.

Adição - Adicionar um novo elemento. E se um aparelho, além de ligações, também tirasse fotos, tocasse músicas e acessasse a internet? O lançamento do iPhone, em 2007, nada mais é do que um grande exemplo de como adicionar serviços dentro de um mesmo produto.[6]

FOTO: ANNA BERTHIER

Subtração - Tirar algum elemento do padrão. Toda prisão tem grades. E se tirássemos as grades das celas? Existem prisões na Dinamarca assim. E elas não só funcionam como também são referência em humanidade e ressocialização dos presos.

COMO ISSO PODE SER DIFERENTE?

Uma atualização aparece no seu computador e você tem que clicar em "Eu concordo (I AGREE, em inglês) com os termos e condições", mas você provavelmente nunca leu todo aquele texto até o fim, leu? A designer francesa Florence Meunier usou a lógica da subtração e reinterpretou o Contrato de Licença de Usuário da iCloud da Apple. O acordo foi impresso em um livreto e, em cada página, uma segunda camada foi adicionada usando palavras e letras existentes para contar a história do "Homem que Concordou". Florence Meunier fez um exercício de "apagar" palavras, deixando apenas algumas que formavam um texto completamente diferente, dando outro sentido para todo o documento. Genial.

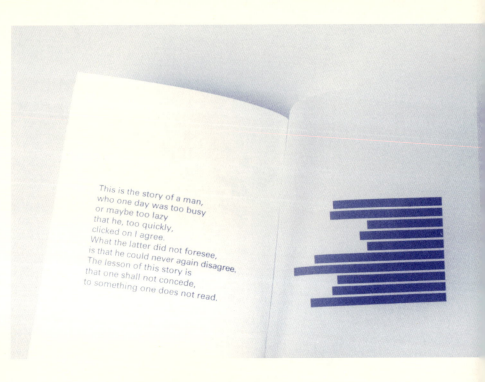

Diferenciação - Explorar as diferentes alternativas dentro de uma mesma situação. Exemplo: ir para o trabalho de carro. A regra é "ir de carro", esse é o padrão. Como podemos diferenciar dentro da mesma ideia? Você pode ir de Uber, de táxi, de carona com o vizinho, em cima do carro, no porta-malas, deitado no banco de trás. Todas as ideias variando da mesma raiz "carro". Encontre possibilidades diferentes dentro daquilo que não pode mudar.

COMO ISSO PODE
SER DIFERENTE?

Jan Hakon Erichsen, artista visual norueguês, se denomina "destruidor de balões". Seu perfil no Instagram @janerichsen tem dezenas de vídeos onde ele estoura um ou mais balões de diferentes maneiras, simples, absurdas, bobas, desnecessárias. A ideia beira a loucura e a comédia, mas o exemplo é ótimo para este padrão de ideias: fazer a mesma coisa de diferentes formas.

Adaptação - Copiar e traduzir práticas/ideias de outras áreas. E se um professor usasse técnicas do circo para dar aula para crianças? E se um técnico de futebol usasse estratégias de basquete para o seu time? E se um cinema se inspirasse em um aeroporto para criar uma experiência diferente para assistir a um filme?

Faça isso para cada uma das abordagens de pensamento que você acredita que podem ajudar a trazer novas ideias. Não há problema se alguma ideia que surgir for a soma de um modelo com outro. Não se apegue em que caixinha sua nova ideia deveria estar. Apenas saiba que essas abordagens servem para direcionar a sua mente (ou a mente da sua equipe) numa mesma linha de pensamento.

O resultado desse quadro vai mostrar que não existe apenas um "Jeito Certo". Existem vários. O "Jeito Certo" é apenas uma das formas de fazer as coisas, mas agora temos clareza de que muitas outras formas são viáveis. Sempre que você ouvir alguém falando que tem um "Jeito Certo", saiba que é apenas o jeito com que as pessoas sempre fizeram. E que o "Jeito Certo" nada mais é do que a melhor ideia que tiveram, tempos atrás, para resolver um problema que tinham na época. O tempo passou e existe a possibilidade de mudar isso agora. Você identificou essa oportunidade e vai fazer diferente. Certo?

PASSO 4:
Olhe para todas as ideias que você ou seu time teve e escolha as melhores para se aprofundar.

Lembre-se de que o valor das ideias é o de movimento. Todas as ideias que surgiram servem como gatilhos para que você pense em coisas diferentes. Nem todas as ideias serão boas. Na verdade, a maioria será ruim. Mas o processo de buscar quebrar o padrão dos formatos ajuda a responder à pergunta "como isso pode ser diferente?".

A ABORDAGEM		A ABORDAGEM NORMAL →	CONTORNAR, QUEBRAR & ESTICAR A REGRA →
INVERSÃO	Virar a prática comum de ponta-cabeça		
INTEGRAÇÃO	Integrar prática comum com outras ofertas		
EXTENSÃO	Estender a oferta		
DIFERENCIAÇÃO	Segmentar a oferta		
ADIÇÃO	Adicionar um novo elemento		
SUBTRAÇÃO	Tirar algo		
TRADUÇÃO	Traduzir prática mais associada com outra área		
ENXERTAR	Transpor prática mais associada com outra área		
EXAGERAR	Empurrar algo rumo à sua expressão mais externa		

COMO ISSO PODE SER DIFERENTE? POR GAB

No Projeto Flags, me senti criativo porque mexi com o "Jeito Certo" das bandeiras. Criei novas formas, misturei e combinei referências. Brinquei com as palavras e tentei criar novos significados para os símbolos. Esse projeto nasceu na sala de aula da faculdade, rabiscando a bandeira do Brasil na classe de uma forma toda errada. O losango por fora, o retângulo no meio, as estrelas da bandeira do Brasil todas soltas pela mesa... Olhei para a bandeira desconfigurada e pensei: "hummm isso aqui eu posso fazer com outras bandeiras também". Fiz a dos Estados Unidos com as faixas vermelhas e brancas dentro de uma estrela maior. Gostei. Fiz mais umas três ou quatro na mesa e decidi que quando chegasse em casa iria passar para um programa de edição de imagens e fazer um blog para mostrar as bandeiras e convidar outros amigos a enviarem os seus redesenhos de bandeiras.[7]

MÉXICO • LASFG.TUMBLR.COM

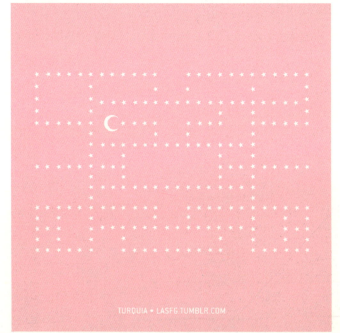

TURQUIA • LASFG.TUMBLR.COM

Braga diz: Existe algo que tenha mais o "Jeito Certo" que bandeiras? Antigas e tradicionais, elas têm o seu formato e ninguém mexe nelas por séculos. Mesmo assim, isso não impediu que o Gab quebrasse o padrão delas. Como exercício, é claro. E talvez seja um exercício interessante para quem quer explorar caminhos diferentes também. Que outras coisas existem por aí que você poderia pegar para quebrar o formato? Uniformes de times, logotipos de empresas, nomes de filmes, aplicativos do seu celular, o próprio formato do celular. Você decide.

AS IDEIAS COMEÇAM RUINS E ÓBVIAS

Um aviso: a sua primeira ideia vai ser ruim. E a segunda também. Provavelmente a terceira e quarta também vão parecer óbvias. Talvez na quinta comece a aparecer algo diferente e as próximas vão sair mais do comum, mas não podemos garantir que isso vá mesmo acontecer. A tendência é que suas primeiras dez ideias sejam sempre ruins ou óbvias.

E isso não só na primeira vez que você parar para pensar em como algo pode ser diferente. Isso vai acontecer muitas e muitas vezes. Mesmo quando você já tiver mais experiência, o ponto de partida são sempre ideias bobas, simples, nada originais.

Calma, está tudo bem. O processo é assim mesmo. No início do pensamento criativo, o cérebro ainda está pegando "no tranco", então ele vai fazer associações mais óbvias, conectar pontos de forma mais tradicional. É muito difícil ter uma ideia perfeita de primeira. O importante então é não parar na terceira ou quarta ideia achando que você não tem criatividade e não nasceu para isso.

QUEBRE A BARREIRA
DAS 11 IDEIAS

Bom, se já sabemos que as primeiras ideias vão ser ruins ou óbvias, não tem por que não ir além dessas sugestões iniciais. Na medida em que vamos avançando na nossa lista de ideias, vamos obrigando nosso cérebro a fazer associações cada vez menos comuns, chegando a resultados mais improváveis, e é aí que moram as ideias que quebram padrões.

As primeiras ideias são as ideias que qualquer pessoa teria, porque são as mais normais, óbvias, repetidas, clichês. Elas são as ideias que indicam os aspectos da solução com que você pode brincar. Das ideias 11 até 20, você ousa um pouco mais e se permite propor soluções menos tradicionais, simplesmente porque começou a combinar ideias anteriores. Das ideias 21 a 30, há uma grande chance de algo realmente novo aparecer. É claro que isso não é uma ciência. Mas achamos legal tentar explicar o porquê de a pessoa ter que passar da ideia 11.

Quando você quebra a barreira das 11 primeiras ideias, um novo universo nasce. Edward de Bono, escritor maltês e criador do termo "Pensamento Lateral", diz que "ideias têm função de movimento". Ou seja, na prática, cada ideia que surge tem uma função de levar para outra ideia. Combinações improváveis começam a se mostrar possíveis, alternativas arriscadas surgem, conexões não tão comuns começam a fazer mais sentido. Depois das 20 ideias, então, nossa, aí já estaremos caminhando em um território cujas regras não mais sabemos.

As ideias andam em fila indiana, uma atrás da outra. Pode ser que a melhor ideia para o que você precisa venha depois de você ter anotado 23 ideias diferentes. Ou 68 ideias diferentes. Nunca se sabe. Quando paramos de pensar na 3ª ou 4ª ideia achando que já temos opções suficientes, estamos negligenciando a possibilidade de encontrar uma combinação mais improvável para o que queremos fazer de um jeito diferente. Não é fácil mesmo. As primeiras ideias sempre são mais óbvias e mais normais. A 7ª e a 8ª parecem ser o final da linha, um bloqueio que te trava. Aí você descobre um novo caminho mental e consegue ter mais umas cinco ou seis ideias. Aí depois trava de novo. Então você começa a combinar as ideias que já teve, duplicando as ideias que já têm. Aí combina de novo e, quando você percebe, tem 30 opções. Nem todas são boas. Nem todas funcionam. Nem todas cabem dentro do orçamento. Mas você tem opções. E o seu cérebro precisa de opções para começar a julgar o que é melhor para o momento.

Para exemplificar essa dica, resolvemos colocá-la em prática e gerar diferentes alternativas para solucionar o problema. A função deste exercício é destacar a quebra da barreira das 11 ideias e mostrar que, no final de 30 (19 a mais do que a dica sugere), acabamos chegando num lugar muito esquisito, completamente diferente das primeiras cinco ideias. O problema que pegamos foi um de que falamos anteriormente aqui no livro: jeitos diferentes de ir para o trabalho.

JEITOS DIFERENTES DE IR PARA O TRABALHO

1. DE CARRO
2. DE ÔNIBUS
3. DE BICICLETA
4. DE METRÔ
5. ANDANDO
6. CORRENDO
7. A CAVALO
8. OUVINDO MÚSICA
9. PASSEANDO COM MEU CACHORRO
10. DE CARONA
11. MOONWALKING
12. DE HELICÓPTERO
13. DE CHINELO
14. COM UMA PRANCHA DE SURF

15. DUAS HORAS ANTES

16. DUAS HORAS DEPOIS

17. A PARTIR DA CASA DE UMA AMIGA

18. POR UM OUTRO CAMINHO NADA A VER

19. DE METRÔ ATÉ A METADE, E
CAMINHA O RESTO

20. TODO DE BRANCO

21. DE CABELO RASPADO

22. DE MOICANO

23. DE TRANÇA RAIZ

24. DE TÁXI/UBER

25. COM MEU VIZINHO FUMANDO UM
CHARUTO BEM BOLADO

26. FANTASIADO COMO SE FOSSE O
CARNAVAL DE 2017

27. FINGINDO SER TURISTA E
PERGUNTANDO A DIREÇÃO PARA AS PES-
SOAS NA RUA

28. RASTEJANDO COMO SE ESTIVESSE
NUM CAMPO DE BATALHA

29. EM CIMA DE UM ÔNIBUS, COMO SE
ESTIVESSE SURFANDO

30. DANDO ESTRELINHAS E SALTOS
MORTAIS NO MEIO DA AVENIDA NUMA
NOITE DE LUA CHEIA

ALGUMAS COISAS QUE PERCEBEMOS AO FAZER ESTE EXERCÍCIO:

1. As primeiras ideias são as mais óbvias: de carro, de ônibus, de bicicleta, de metrô. Claramente, esses são os "Jeitos Certos" de ir de casa ao trabalho, que todo mundo conhece. Se você fosse fazer este exercício, provavelmente seriam as mesmas ideias que surgiriam no início.

2. É possível ver que, da ideia 5 à 11, algumas variações começaram a surgir, como: andando/correndo/moonwalking ou de carro/de carona.

3. As últimas são completamente diferentes e fantasiosas. Eu sinto que, depois que quebramos a barreira das 20 ideias, ideias improváveis começaram a surgir. O tipo de ideia que dificilmente seria realizada, mas que indica que ainda há muito campo a ser explorado.

4. Chegamos a trinta, mas poderíamos ter ido além. Ficou claro que poderíamos explorar as inúmeras possibilidades que derivam de cada uma delas.

5. Deu pra perceber também que algumas ideias fazem parte de grupos de ideias similares. Por exemplo, o grupo dos modais – carro, moto, ônibus, bicicleta –, ou o grupo dos modais diferentes – helicóptero, cavalo –, ou o grupo dos cortes de cabelo – raspado, moicano, trança-raiz. Sem julgamento de valor, os grupos de ideias nascem natural-

mente, justamente por causa do movimento que cada ideia nos dá.

6. Outra possibilidade muito promissora seria começar a combinar as ideias. A ideia 2 com a 22. Ou a ideia 3 com a 20. E todas essas combinações são ideias novas que podemos levar em consideração.

Ter 30 ideias de como ir para o trabalho de uma forma diferente não é tão difícil assim. Não que a gente vá fazer todas elas, mas se o seu chefe dissesse que seu próximo salário só seria pago se você fosse para o trabalho de um jeito diferente, você não precisaria se assustar. Poderia olhar essa lista e escolher uma que seja o tipo de diferente que você não se importaria em fazer. Não precisa estar todo de laranja. Mas pode estar todo de branco, caso isso seja um jeito diferente do normal.

"CONSIGO DESENHAR ALGO EM APENAS ALGUNS SEGUNDOS, MAS LEVEI 34 ANOS PARA APRENDER A DESENHAR EM APENAS ALGUNS SEGUNDOS."

PAULA SCHER

VELOCIDADE VEM COM O TEMPO

Bem, temos outra novidade para você. Além de essas primeiras ideias serem ruins, elas não vão chegar até você de forma rápida. Isso não vai levar um minuto. Talvez cada ideia leve um minuto para surgir, talvez uma nova demore cinco ou dez minutos para aparecer, talvez leve horas. É possível que alguém leve uma semana para ter 10 ideias.

Era assim que acontecia no início da nossa "vida criativa". Ter uma ideia levava tempo. Hoje leva alguns segundos. Em apenas um minuto conseguimos ter várias. Mas temos que levar em conta que são mais de 10 anos praticando essa atividade, treinando e nos aperfeiçoando, tendo ideias em cada vez menos tempo.

Ou seja, se você se frustrar ao demorar para pensar como uma coisa poderia ser diferente, dê tempo ao tempo. Tenha paciência, com o tempo você vai pegando o jeito. Só não pode desistir.

Você vai lembrar que não é tão simples ter uma ideia nova e que você precisa separar um tempo, longe do celular, apenas com caneta e papel, pensando em como isso pode ser diferente. Você não vai entrar na tentação de acabar o trabalho na terceira ideia. Você vai com entusiasmo até a 30ª ideia para ver o que mais vai surgir, imaginando o momento em que a melhor ideia nascerá. Pode ser que ela seja a número 42, mas talvez isso demore. Logo, você vai respeitar o seu corpo, vai controlar a ansiedade e vai dar o tempo necessário para chegar até lá. Vai ser difícil, mas você está confortável em tentar.

E se precisar de uma semana, está tudo bem. É continuar acreditando que, talvez, tomando banho e despretensiosamente lavando seu cabelo, aquela ideia vai vir. E depois lavando louça, e por aí vai. Não desista da sua criatividade. Ela está aí e precisa de tempo para dar as caras.

MITO DO DOM

"Fulano nasceu com o dom de cantar." "Beltrana tem o dom de jogar futebol." Imagina se todas as pessoas dependessem do seu dom? É até certa sacanagem falar isso de grandes profissionais, como se o dom fosse o que os tivesse levado até lá. Como se um toque divino, no início de sua vida, tivesse anunciado para todo o sempre que aquela pessoa tem o dom, e nenhuma outra teria, e ela seria a melhor. Beethoven, Messi, Serena Williams treinaram muito! Claro que existe uma tendência natural de cada corpo desenvolver uma tarefa com mais facilidade, mas usar a desculpa do dom ou é sacanagem ou é ingenuidade.

Vemos uma nova ideia surgir e rapidamente identificamos a pessoa que a teve como supercriativa, além de cometer o erro de dizer que nós jamais teríamos pensado em algo do tipo. Uma pessoa que ganha um Oscar por um filme, outra que ganha um prêmio por uma propaganda, outra que é premiada com sua empresa inovadora. Você realmente acredita que essas foram suas primeiras ideias? Obviamente não. Elas tiveram dezenas, centenas e até milhares antes, até conseguir emplacar uma realmente diferente.

Precisamos esquecer o mito do dom porque ele é injusto. Grandes resultados só chegam quando há prática, treino e comprometimento. São horas e mais horas de repetição para aperfeiçoar uma técnica. A criatividade pode ser entendida e praticada, e o resultado virá. Pode confiar.

"TRABALHO DURO VENCE O TALENTO, QUANDO O TALENTO NÃO TRABALHA DURO."
TIM NOTKE

REFERÊNCIAS AJUDAM

"UMA CRIANÇA NÃO PEDE DE NATAL UM BRINQUEDO QUE ELA NÃO CONHECE."
JAN GEHL

Essa frase é de um arquiteto e urbanista dinamarquês. Ele quer dizer que uma criança vê um brinquedo na propaganda ou nas mãos de uma outra criança e aquilo passa a ser o seu desejo. Ela não vai atrás de outras coisas, ela só sonha com aquilo que conhece. O contexto em que Jan usou essa frase foi de que as pessoas sempre pedem um viaduto para resolver problemas de engarrafamentos, sendo que existem mil outras maneiras de se resolver esse tipo de problema. Mas, como ninguém praticamente conhece essas outras soluções além de urbanistas, os viadutos ainda são a forma mais conhecida de resolver esse problema. E é isso que os governos fazem, pois eles também não sabem outras soluções.

Nós precisamos conhecer "brinquedos" diferentes. Não tem alternativa. Se quisermos ter ideias diferentes, precisamos conhecer coisas diferentes.

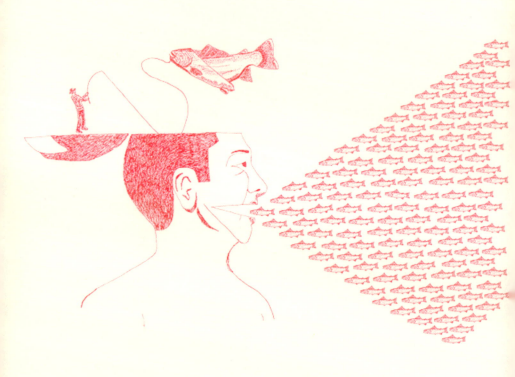

Ilustração de Chris Adams (Diretor Criativo da TBWA/CHIAT/Califórnia)
"The Creative Process illustrated" de W. Glenn Griffin e Deborah Morriso

Na publicidade, nós chamamos esses brinquedos diferentes de referência. Ter referência é ter repertório, é ter conhecimento de coisas diferentes que não necessariamente fazem parte da nossa bolha. Pessoas que viajam bastante geralmente têm muita referência, porque entram em contato com novas culturas e costumes, e isso faz delas pessoas com maior repertório. Ou seja, mais conhecimento sobre os "brinquedos" que existem no mundo.

Não que quem não viaja não tenha referência, muito pelo contrário. Hoje está muito fácil descobrir coisas novas, seja seguindo coisas aleatórias no Instagram, seja vendo séries na Netflix. A gente até recomenda isso. Siga pessoas, projetos e marcas as mais variadas possíveis. Assista a séries de comida, reality shows de arquitetura, documentários sobre educação na Índia. Converse com pessoas que têm referências diferentes de você.

Ter referência é a base para criar coisas diferentes. Sem referência a gente cria tudo igual, caminha sempre pelas mesmas estradas. Lembra quando estávamos falando de reconhecer o padrão? O "Jeito Certo"? Referência é o material necessário para conseguirmos quebrar os padrões. É muito mais fácil você criar um restaurante fora do padrão se já conheceu inúmeros tipos desse estabelecimento antes. Ao fazer seu tema de casa bem-feito, com o tempo o seu baú de brinquedos estará cheio de coisas. E pensar como algo pode ser diferente ficará mais fácil.

MITO DA CRIAÇÃO

A palavra criação é bem pesada. Ela traz uma conotação de que as coisas nascem do zero. Como se tudo que a humanidade cria tivesse nascido de uma página em branco. Mas a verdade é que as coisas não são bem assim. Grande parte das ideias que surgem vem da combinação de coisas que já existem.

É por isso que, ao invés de criatividade, estudiosos dessa área preferem falar "combinatividade". Em vez de focarmos em criar algo do zero, devemos buscar combinar informações. Para isso, é importante ter referências.

"EU NÃO CRIEI NADA. APENAS
COMBINEI DE UM JEITO MELHOR
UM MONTE DE COISAS QUE
OUTRAS PESSOAS TINHAM CRIADO
ANTES DE MIM."
HENRY FORD

COMO ISSO PODE SER DIFERENTE?
POR BRAGA

Um dia, numa reunião da Shoot The Shit bem no seu início de vida, o Gab chegou com a notícia de que tinha comprado um taco de golfe e queria que a gente pudesse usá-lo para algum projeto. Após pensarmos em várias maneiras de utilizá-lo, sem fugir muito do lugar-comum, veio a ideia de jogar golfe nos buracos do asfalto da cidade como forma de protesto contra o descaso da prefeitura frente a esse problema. A quebra de expectativa com o que geralmente se espera de um taco de golfe fez o vídeo onde a gente jogava o esporte pelas ruas de Porto Alegre viralizar rapidamente e obrigou a prefeitura a tapar todos os buracos que mostramos no vídeo, tamanha a repercussão da ação.[8]

É comum na sociedade o pensamento de que a criatividade é uma habilidade necessária e utilizada apenas por pessoas ligadas às profissões mais "artísticas", como música, comunicação, design, arquitetura, artes plásticas, teatro, audiovisual, só para dar alguns exemplos. Recentemente, podemos incluir nessa categoria de "artistas da criatividade" os empreendedores e empreendedoras do Vale do Silício e seus similares. Embora músicas, atuações, campanhas publicitárias e startups possam ser muito criativas, limitar a criatividade apenas a esse grupo de profissões pode reforçar uma imagem de que a criatividade não é útil para as pessoas de outras áreas de conhecimento ou campos profissionais.

A gente acredita que a criatividade é uma ferramenta essencial para a vida de todas as pessoas. Isso porque ela é uma ferramenta para resolver problemas. E veja bem, quando falamos em problemas, não estamos falando necessariamente de coisas ruins. Estamos falando de coisas que demandam soluções. Você pode chamar de desafio, oportunidade ou necessidade, se preferir. Para nós, qualquer coisa que requer uma solução é um problema. E problemas todo mundo tem, não?

Existem problemas mais comuns, corriqueiros. Que roupa eu vou usar neste evento? Como vou pagar minhas contas no final desse mês? Como eu vou encontrar o fornecedor certo para esse projeto? São três perguntas/problemas que demandam uma solução. Fica bem claro isso.

Só que também existem problemas mais difíceis de enxergar como situações que podem necessitar de uma solução. Ou melhor, que, caso tivessem uma solução diferente, teriam um resultado diferente.

Como posso aumentar o número de clientes para meu consultório psicológico? Talvez a pessoa faça sempre a mesma coisa, postando no Facebook e Instagram imagens com dicas e estatísticas relevantes sobre o mundo da psicologia. Ela entende que essa ação resolve a necessidade dela de comunicar seu trabalho e atingir novos clientes. Mas, se ela olhasse para essa situação como um problema, ou seja, buscasse uma solução diferente, novas ideias poderiam surgir.

Ou um professor que tem que passar um conteúdo para seus alunos e faz sempre da mesma maneira. Se ele enxergar como um problema, uma nova forma de ensinar pode nascer na sua aula.

Como eu posso conseguir clientes de uma forma diferente? Como eu posso passar esse conteúdo para meus alunos de forma diferente? É aí que a criatividade entra, ajudando pessoas, nos mais diferentes contextos, a encontrar a solução para seus problemas.

Mas, como esses problemas são mais difíceis de enxergar e nem sempre são exaltados como exemplos de criatividade quando são resolvidos de formas diferentes, continuamos acreditando que criatividade é apenas para pessoas da arquitetura, do design, da comunicação, das artes ou de startups do Vale do Silício.

MITO DO ARTISTA

Segundo Murilo Gun, professor, comediante e fundador da Keep Learning School, a criatividade não é uma ferramenta necessária apenas para artistas e publicitários. Ela está presente na vida de todo mundo e cada vez mais será requisitada. Isso porque diariamente os computadores assumem tarefas que nós humanos estávamos acostumados a fazer, como analisar, planejar, responder ou encaminhar. Logo, liberados de fazer tarefas mecânicas e lineares, sobrará para os humanos aqueles trabalhos que as máquinas ainda não conseguem resolver: solucionar problemas. E, para isso, a criatividade é fundamental.

CRIATIVIDADE IMPORTA NO SEU RELACIONAMENTO

Enquanto a rotina pode criar um ambiente de conforto e segurança dentro de um relacionamento, momentos que fogem do padrão despertam excitação e surpresa e ajudam a reforçar laços amorosos entre duas pessoas. Mas situações inesperadas não caem do céu. Precisamos provocar nossa rotina para que algo aconteça.

Como um jantar pode ser diferente?
Como o final de semana pode ser diferente?
Como esse aniversário de namoro ou casamento pode ser diferente?
Como o presente de aniversário pode ser diferente?

Em vez de pedir uma entrega, como é habitual, o casal pode se aventurar tentando cozinhar algo que nunca fizeram juntos e se divertir com o processo. Ou, em vez de comemorar o primeiro ano de namoro, uma festinha surpresa de 8 meses e meio de relacionamento pode surpreender o parceiro ou parceira. Ideias como essas ou até melhores podem surgir quando as perguntas acima forem padrão em um relacionamento. Usar a criatividade para despertar novas situações pode ser um combustível interessante numa relação de longo prazo.

CRIATIVIDADE IMPORTA NO SEU TRABALHO

Se você faz parte do corpo de funcionários de uma empresa, deve saber que a criatividade é um diferencial relevante, não importa o setor.

Como colaborador, por exemplo, perguntar-se constantemente "como isso pode ser diferente?" pode lhe colocar numa posição de estar sempre surpreendendo aqueles acima de você. Comece sugerindo aos poucos, e com o tempo você pode passar a ser reconhecido por sempre propor uma forma diferente. E isso pode trazer recompensas bem interessantes no futuro.

"Oi, chefa, aqui tem uma lista com 10 formas diferentes de como nossas reuniões podem ser mais eficazes."

"Oi, chefe, pensei um pouco e acho que nossa abordagem com nossos clientes pode ser diferente."

"Oi, chefa, acredito que nossos formulários de pesquisa interna poderiam ser uma conversa aberta entre todos, para que consigamos não só falar abertamente o que sentimos, mas também sugerir, na hora mesmo, soluções para os nossos problemas."

Empresários e empresárias devem adorar quando pessoas da empresa enxergam novas possibilidades para os processos e propõem novos caminhos. Para as organizações continuarem competitivas no mercado e alinhadas com as rápidas transformações do mundo, toda ajuda é bem-vinda. Quando ela vem da equipe, e não somente de quem gere, melhor.

> **"NUNCA PERMITA QUE A IMAGINAÇÃO LIMITADA DOS OUTROS LIMITE VOCÊ."**
> **DRA. MAE JEMISON**

CRIATIVIDADE IMPORTA NA SUA EMPRESA

Uma pessoa na posição de líder de uma empresa pode se beneficiar com uma cultura corporativa que está constantemente pensando em como as coisas poderiam ser diferentes. Isso acontece porque cada mercado possui seus padrões e regras, e aquelas empresas corajosas que quebram esses paradigmas geralmente são associadas a uma imagem de inovação e disrupção.

Que empresa pensa em como as contratações podem ser diferentes? Que empresa pensa em como demissões podem ser diferentes? Que empresa pensa em como sua cadeia produtiva pode ser diferente?

Poucas. A maioria segue a boiada ao replicar o que todo mundo faz. Entrevista individual e entrevista em grupo para contratações. Demissão para quem não entrega o esperado.

Mas não são essas empresas que costumamos exaltar em artigos sobre as empresas mais criativas e inovadoras. Damos valor para organizações que contratam de forma diferente, com base na história de vida e não em uma entrevista. Empresas que não demitem, e sim encontram novas posições para uma pessoa, ou que só a desligam depois de ela ter um outro emprego garantido. Empresas que são sustentáveis e pensam no meio ambiente em toda a sua linha de produção.

Como _____ da minha empresa pode ser diferente?

CRIATIVIDADE IMPORTA EM TODAS AS ÁREAS DA NOSSA VIDA

Mães e pais que olham para a rotina de suas crianças com um olhar de fazer diferente podem proporcionar infâncias mais diversas e interessantes. Cursos fora do comum, brinquedos diferentes, passeios inusitados e mais liberdade para a criança escolher sua agenda podem resultar num desenvolvimento pessoal com mais repertório.

Gente que em vez de comprar um presente faz um com suas próprias mãos. Amizades que nos proporcionam situações diferenciadas e não viagens que todos fazem. Festas de aniversário com temas divertidos. Artistas que subvertem a lógica e criam músicas ou espetáculos que encantam milhares de pessoas.

A CRIATIVIDADE ESTÁ AO NOSSO REDOR, TODOS OS DIAS

Uma pessoa usa criatividade para formular uma nova tabela de Excel que a ajude a organizar sua empresa.

Outra vai usar para imaginar um novo cenário para uma peça de teatro.

Outra para inventar uma nova receita a partir dos ingredientes disponíveis, seja para um jantar a dois, ou se ela for chef, em um restaurante famoso.

E uma última vai pegar sua criatividade e testar um tratamento novo para dor de cabeça.

Sim, a criatividade pode ser usada nas mais diferentes profissões e situações. Desde profissões mais "duras" e tradicionais, como direito – a mediação é uma alternativa criativa para resoluções de conflitos, por exemplo – até as profissões mais artísticas, como o teatro – constantemente pessoas que dirigem peças trazem novas abordagens jamais antes vistas para histórias conhecidíssimas.

COMO ISSO PODE SER DIFERENTE? POR BRAGA

Eu não gostava de falar em público na faculdade. Odiava apresentar trabalhos. Mas, para a minha tristeza, a faculdade de comunicação que fiz adorava esse formato de interação e volta e meia eu me deparava nervoso e titubeante explicando uma matéria na frente de uma turma inteira. Certa vez, numa cadeira de produção gráfica, a professora nos dividiu em grupos e, como de costume, pediu que cada grupo apresentasse uma parte da matéria. O grupo de que eu fazia parte ficou responsável por falar para a turma sobre os diferentes tipos de papéis que existem. Conversando com o grupo, percebi que não era apenas eu que não gostava de falar em público, mas ninguém ali queria fazer isso. Logo, como ninguém gostava, começamos a pensar numa solução diferente. A solução? Criamos um "bingo" com a turma. Cada aluno recebeu uma cartela onde havia escrito um número, um tipo de papel e a explicação dele. Nós ficamos na frente da sala sorteando os números num globo. Toda vez que saía um, a pessoa da turma com a cartela correspondente ao número tinha que ler para a turma o que estava escrito. Isso não só fez com que não precisássemos ficar apresentando o conteúdo, como também trouxe um pouco de diversão para a sala de aula. Tiramos A.

Gab diz: A maioria das pessoas, em algum momento da vida, vai ter que fazer uma apresentação para alguém. Seja no colégio, na faculdade, no trabalho, para conseguir um investimento, para fechar uma parceria, para brindar um casamento. Se, por algum motivo, você é o tipo de pessoa que fica desconfortável nessa situação, por que não pensar uma forma que faça você se sentir melhor? Fazer uma apresentação pública é um problema muito comum. Esse exemplo que o Braga trouxe é justamente para mostrar que até aí dá para pensar em algo diferente.

CRIATIVIDADE PRECISA DE PROATIVIDADE

Isaac Newton não olhou uma maçã caindo da árvore e descobriu a gravidade. Ele vinha estudando o assunto fazia anos e a maçã foi apenas um gatilho para ele aprofundar seus estudos. Galileu Galilei não acordou um dia e descobriu que a Terra girava ao redor do Sol. Ele observava os planetas e, ao ver satélites ao redor de Júpiter, supôs que a Terra e o Sol possuíam a mesma dinâmica.

Criatividade não vem do céu. Não é uma dádiva que acomete certas pessoas privilegiadas. Criatividade é trabalho. Newton trabalhou muito para descobrir a gravidade. Galileu estudou muito para chegar à conclusão heliocentrista. Grandes ideias que você escuta e admira não são resultado de epifanias. Elas nascem da pesquisa, do estudo, do foco, da investigação, da tentativa. Nascem do trabalho.

MITO DO ACASO

Plim. Acendeu uma lâmpada. Do nada, surgiu uma
ideia. O mito do acaso é uma crença que existe no campo criativo que afirma que as ideias caem do
criativo na verdade é formado por etapas.
momento "eureca", mas ele é a última etapa.
eiras, ela raramente acontece.

começamos entendendo o problema. Depois
onscientemente nele e buscamos uma solução.
quase nunca vem na hora, assim que paramos
no problema, ela vai para o inconsciente, onde
uma terceira etapa, a da incubação. Na linguagem
publicitária, é quando deixamos a ideia "dormir". Quando vamos dar uma volta na quadra, fazer um exercício,
jantar fora, tomar banho, o problema/desafio/pergunta
que estamos tentando responder segue trabalhando no
inconsciente.

É por isso que muitas vezes a ideia vem quando estamos dirigindo, no banho ou prestes a dormir. A nossa cabeça ficou trabalhando esse tempo todo, fazendo conexões
improváveis para resolver aquele problema. E é entrando
em contato com uma informação aleatória que muitas vezes temos a faísca da ideia. Encontramos a peça que faltava
do quebra-cabeça prestando atenção em outras coisas.

O momento "eureca" é uma ilusão. Ou pelo menos uma versão romantizada do processo de ter uma ideia diferente. Na maioria dos casos, as grandes ideias vieram depois de um longo período de incubação. E, por terem dormido e posteriormente entrado em contato com uma informação nova, a conexão que faltava para dar sentido a um pensamento finalmente acontece.

A ideia criativa pode ser uma surpresa para um observador externo, mas nunca é para quem estava pensando.

Se quisermos ter ideias criativas para a nossa vida, precisamos entender isso. E, assim que entendermos, praticar. Praticar a criatividade. Olhar ao nosso redor e fazer esta pergunta: "Como essa coisa pode ser diferente?"

Esse é o processo para desencadear ideias na nossa vida.

CRIANDO UM SISTEMA PARA SUA CRIATIVIDADE

> "SE VOCÊ IGNORASSE COMPLETAMENTE
> AS SUAS METAS E FOCASSE APENAS NO
> SEU SISTEMA, VOCÊ AINDA TERIA RESULTADOS?"
> **JAMES CLEAR**

ESQUEÇA AS METAS, FOQUE EM UM SISTEMA QUE FUNCIONE

Por exemplo, você quer perder peso. Quer perder cinco quilos até o Natal. Essa é sua meta. Mas como você vai fazer isso? Vai se exercitar três vezes por semana? Cinco vezes? Uma vez? Só quando tiver vontade? E nas férias, como vai ser? E naquela semana cheia de compromissos?

Metas têm esse problema. Elas dependem do seu comprometimento. E, como geralmente estão longe de você, em algum dia do futuro que você escolheu como prazo final, é fácil procrastinar. É fácil se perder no longo prazo por achar que "no outro dia você vai compensar".

James Clear, estudioso sobre produtividade, fala que precisamos focar em sistemas em vez de pensar somente nas metas. Por exemplo, como alternativa a perder 5 kg até o Natal, crie um sistema de fazer exercícios três vezes por semana, todas as semanas. E foque nesse compromisso. Provavelmente até o Natal você terá perdido esses quilos.[9]

Ou seja, não queremos que você crie uma meta de ser a pessoa mais criativa do mundo. Queremos que foque nesse método, e daqui a pouco você atinge a sua meta. E o método é pensar como as coisas podem ser diferentes sempre que possível.

FAZER DIFERENTE FAZ VOCÊ SE SENTIR DIFERENTE

Se para marcar uma reunião você envia um e-mail, talvez uma ideia diferente seja deixar uma carta-surpresa na mesa de cada pessoa. Ou, se você marca reunião sempre na mesma sala, talvez uma ideia diferente seja marcar a reunião no café da esquina. Ou, se vocês fazem a reunião sempre sentados e ela dura uma hora, quem sabe a próxima reunião vocês fazem em pé e com duração de apenas 15 minutos? Assim, ela é mais produtiva e objetiva, otimizando o tempo de todo mundo.

"Mas uma reunião em pé? Sério mesmo?"

Sim! É uma sensação estranha mudar algo que sempre foi feito do "Jeito Certo". É estranho mesmo, porque requer mudança. E toda mudança chama um pouquinho de atenção. As pessoas vão perceber que você está propondo algo diferente. Vai dar um friozinho na barriga. Mas quando acabar a "reunião" você vai sentir algo MUITO forte! Você vai ter sobrevivido ao diferente. Você vai ter adicionado um novo "Jeito Certo". E se esse novo "Jeito Certo" for tão bom quanto o antigo "Jeito Certo", as pessoas vão começar a repetir! Pode acreditar. E você terá sido a pessoa que provocou essa mudança.

E, se importa para você, levar essa mentalidade para outras esferas do seu trabalho ou da sua vida vai lhe ajudar a cada vez ficar melhor e mais confortável com os novos "Jeitos Certos".

Em sua palestra no TEDx, "Como ficar melhor nas coisas com que você se importa", Eduardo Briceño traz o conceito de Zona de Aprendizado e Zona de Desempenho. A Zona de Desempenho (ZD) é o lugar onde apenas replicamos aquilo que sabemos. Agimos meio que de forma não tão consciente, apenas executando algo que já sabemos. Digitar no teclado, por exemplo. Digitamos todos os dias e ainda assim a maioria da população não é especialista em digitar. Erros são bem comuns. Ou seja, não evoluímos muito por não focarmos nessa evolução.

Já a Zona de Aprendizado (ZA) é onde estamos focados em aprender e evoluir. Quando fazemos um curso, por exemplo. Se digitássemos no teclado todo dia focados em melhorar, com certeza melhoraríamos, mas não fazemos isso, fazemos? Digitamos todos os dias no computador e ainda assim não somos perfeitos, erramos bastante.

O mundo nos faz estar constantemente na ZD, onde agimos de forma óbvia, pois sabemos quais serão os resultados. Ao agir de forma óbvia, não desbloqueamos novas ideias, não damos espaço para o novo e não agimos de forma criativa. Querer pensar em formatos diferentes para as situações do cotidiano é estar em constante Zona de Aprendizado.

Quando você faz do "Jeito Certo", a coisa passa batida. Não tem estranhamento. Mas, quando você tenta fazer de um jeito diferente, você se expõe um pouco. E é preciso manter-se firme para superar o medo do julgamento. Coragem para seguir em frente e fazer diferente, mesmo que seja uma coisa simples como marcar uma reunião.

"O MUNDO PARECE SEMPRE BRILHAR MAIS QUANDO VOCÊ FAZ ALGO QUE NÃO EXISTIA NELE ANTES."

NEIL GAIMAN

Trabalhando na indústria criativa, é muito comum, quando abrimos uma vaga de trabalho, recebermos currículos em formatos bem diferentes. Currículos coloridões, engraçados, interessantes. Materiais que nos chamam a atenção. Teve até uma vez que uma candidata nos mandou um rap. SIM, UM RAP! Nos mandou um áudio no WhatsApp onde ela cantava sobre o quanto gostava da nossa empresa e como queria trabalhar lá.

Isso acontece porque estamos na indústria criativa. As vagas que abrimos sempre atraem pessoas com criatividade, resultando nessa chuva de currículos diferentes do normal. Mesmo assim, e por incrível que pareça, a maioria dos CVs que recebemos vem em um arquivo de Word. Uma folha branca com fonte Times New Roman. Ou algo muito parecido com isso.

Que mensagem vocês acham que isso passa? Para nós, que estamos atrás de mentes criativas, um currículo numa folha de Word é um pecado mortal. Se queremos pessoas criativas, não dá para considerar na disputa aquelas que, no documento que vai ser o primeiro contato com quem quer contratar, param na primeira ideia.

Um currículo em uma página de Word com fonte normal é a primeira ideia. É o "Jeito Certo". Pensou em currículo, pensou numa folha branca com escrito preto. Num mercado cada vez mais competitivo, com pessoas lutando constantemente para se destacar e mostrar algo a mais para conseguir ou manter empregos, a primeira ideia não é o bastante. Enquanto quem manda um rap mostra, além do que está no currículo, coragem, espontaneidade, criatividade e ousadia, qualidades que muito dificilmente uma página de Word em branco com fonte preta vai demonstrar.

Não estamos aqui falando que todo mundo tem que mandar um rap para a próxima vaga de emprego que surgir. Calma. Cada vaga possui um contexto e alguns contextos são mais sérios e formais do que outros. Ainda assim, ir além do que é esperado é uma boa estratégia para quem quer sair na frente de quem fez o normal. É analisar o que o contexto pede e pensar em como aquilo pode ser diferente.

COMO ISSO PODE SER DIFERENTE? POR GAB

Em abril de 2017, eu me matriculei em um curso chamado Creative Problem Solving, no Coursera, oferecido pela Universidade de Minnesota. O curso era sobre criatividade voltada à resolução de problemas. Mas, para compreender a complexidade do tema, os alunos precisavam fazer uma série de desafios simples para estimular a criatividade. Um dos desafios logo na terceira aula era "comer alguma coisa de uma forma diferente". O tema pedia que qualquer parte do processo de "comer" fosse alterado. Você poderia, por exemplo, amarrar um macarrão no outro e fazer um espaguete infinito. Eu resolvi cortar frutas de um jeito esquisito. Meu destaque vai para a forma como usei o aspirador de pó para tirar as sementes do mamão papaia (ver o capítulo O "jeito certo" das coisas). Minha sensação criativa está em usar um objeto que normalmente é utilizado para outra coisa para resolver um problema.

Além do insight criativo de usar um aspirador de pó para sugar as sementes, outro aspecto que me fez sentir criativo nesse caso foi que consegui resolver a questão da trilha do vídeo simplesmente criando "beats" com minha própria voz. Criei uma música com um ritmo do jeito que eu queria, subi duas versões, uma por cima da outra, no programa de edição, e elas encaixaram perfeitamente. Por último, coloquei minha voz por cima, narrando o processo criativo.[10]

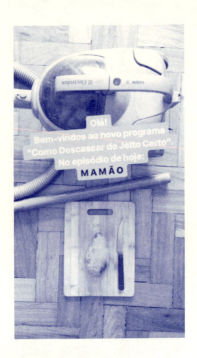

todas

afiada

E QUANDO AS IDEIAS NÃO VÊM?

O filme *It Might Get Loud*, dirigido por Davis Guggenheim, é uma obra-prima. Qualquer pessoa que quer se aprofundar mais no tema da criatividade deve assistir de olhos, ouvidos e coração bem abertos, porque mostra como três grandes músicos, de três épocas diferentes, lidam com o seu instrumento de criatividade: a guitarra. Jimmy Page, do Led Zeppelin; The Edge, do U2; e Jack White, do White Stripes/The Raconteurs, protagonizam conversas e acordes de gênios da criatividade.

Mesmo sendo uma lenda viva do rock, na parte final do documentário, Jimmy Page confessa o medo dos dias em que nada nasce. Nenhuma parte nova, nenhuma ideia nova. E não precisa ser um gênio pra ter medo desse momento. Qualquer um de nós quer manter esse dia distante e longe da vista. Ele refere-se ao chamado bloqueio criativo, que acontece com artistas e também com qualquer outro profissional, como você e eu.

A pergunta por trás de tudo isso é: O que fazer quando a ideia não vem?

Esse assunto é o lado oculto da criatividade. Não é sobre ferramentas, processos, métodos, perguntas. É sobre o que acontece quando usamos tudo isso e mesmo assim não chegamos lá. Esse assunto não tem tanto espaço nas rodas de conversa, nas salas de aula, nos cursos e livros sobre esse tema, porque ele não é sexy, interessante, apaixonante. Independentemente disso, vale a pena iluminar um pouco esse lado oculto da criatividade.

A palavra central desse tema é "frustração". A frustração é um sentimento constantemente visitado por quem se predispõe a criar. E esse sentimento vem porque, como seres pensantes, conseguimos imaginar onde queremos ir com nossa ideia. Mas nem sempre a ideia vem. Ou nem sempre ela fica do jeito que queremos. Ou ainda, não sabemos como a gente quer, só sabemos que aquilo que temos ainda não é o resultado que estamos esperando.

Mas o que fazer quando tudo que estamos tentando não dá certo? Quando nenhum processo, nenhum método, nenhuma conversa, nenhuma referência, nenhuma intenção de querer fazer algo de um jeito diferente nos leva ao diferente?

Em primeiro lugar, é muito importante ter bem claro que isso é normal. O resultado criativo não é fácil. Se fosse, todos fariam, aí não seria criativo. Então, é importante que você saiba que muitas vezes você vai tentar fazer algo diferente e talvez não fique bom.

Em segundo, temos que aprender a lidar com a frustração. A frustração é boa parte do trabalho de uma pessoa que busca ser criativa. Em um ensaio escrito em meados de 2010 pelo autor do livro *Vai Lá e Faz*, Tiago Mattos, ele afirma: "Você já se deu conta de que praticamente tudo que criamos vai para o lixo? No final das contas, se tudo der certo, por mais que você tenha muitas ideias legais para um trabalho, só uma vai sobreviver e ir para a rua". E é verdade! Partindo da premissa que estamos trazendo neste livro, de que quantidade traz qualidade, naturalmente sabemos que vamos criar muito mais do que o necessário para poder filtrar, limpar, combinar as ideias e chegar a uma solução para o nosso problema. Não a solução certa, mas a melhor solução possível, dado o contexto.

Mas veja bem: aprender a lidar com a frustração é uma coisa, resignar-se com a falta de ideias e se dar por vencido é outra. A ideia não está vindo? A frustração chegou? Beleza, hora de agir. Nosso papel como pessoas que querem ser criativas é usar a informação de que às vezes as ideias não vêm como combustível para buscar novos caminhos. Aqui vão algumas sugestões do que você pode fazer quando isso acontecer:

1. Falar com mais pessoas e tentar cocriar. Talvez você esteja bloqueado, mas compartilhar o desafio com outras pessoas pode destravar a sua criatividade.

2. Esqueça tudo e vá fazer outra coisa. Correr, dormir, lavar louça, arrumar a casa, sair com amigos. Às vezes, estamos tão imersos num problema que nosso cérebro fica lento e atordoado. Mexemos tanto nele que a poeira sobe e acabamos não enxergando mais nada. Desligar-se do problema, nem que seja por alguns minutos, faz a poeira assentar e a visão ficar mais clara para quando você voltar a buscar uma ideia.

3. Por último, aumentar o seu grau de sensibilidade e atenção e seguir buscando uma ideia. Mas, dessa vez, em vez de olhar para o material que está na sua frente, tente algo novo. Saia caminhando na rua sem celular, olhe para a cidade, abra revistas diferentes. Direcionar a atenção para outros lugares e buscar outras fontes de inspiração pode fazer você perceber coisas que vão ajudar no processo de ter uma ideia.

A verdade é que, do mesmo jeito que não há fórmula mágica para ter ideias, também não há alguma para abraçar a frustração quando você não está satisfeito com as ideias que vieram.

Se a ideia que você queria não veio, tudo bem. Mesmo! Continue. Não é para ser fácil. Se fosse fácil, todo mundo fazia. E estamos aqui justamente falando sobre as pessoas que não se contentam com o comum e resolvem se perguntar como as coisas podem ser diferentes. Você é uma delas?

"MUITOS PREFEREM NÃO EXERCITAR SUAS IMAGINAÇÕES. ESCOLHEM MANTER-SE CONFORTÁVEIS DENTRO DOS LIMITES DE SUA PRÓPRIA EXPERIÊNCIA, NUNCA SE INCOMODANDO EM IMAGINAR COMO SE SENTIRIAM SE TIVESSEM NASCIDO DIFERENTES DO QUE SÃO."

J.K. ROWLING

Nós dois trabalhamos juntos desde 2010. Nesse tempo todo, criamos uma empresa e um punhado de projetos paralelos. Em dupla ou com mais gente, já fizemos centenas de reuniões para pensar em ideias, isso sem contar as vezes em que estávamos pensando ideias em engarrafamentos, viagens, festas, bares e em outros locais aleatórios. São horas que não dá para calcular. E em grande parte delas usamos a pergunta-tema deste livro como norte para ter novas ideias.

Só que, ao nos depararmos com um problema, a gente não para e pensa "como isso pode ser diferente?". Todos esses anos trabalhando juntos e aperfeiçoando esse olhar nos permite hoje já ter essa pergunta como parte do nosso DNA. Ela está implícita. Ela faz parte da gente. Logo, vamos direto para a resposta.

É como dirigir um carro. No início, você fica superatento a absolutamente tudo que acontece. Antes de ligar o carro você olha os retrovisores, ajusta o banco, olha para o câmbio e verifica se ele está na primeira marcha, pisa no freio para sentir a força, acelera bem devagar, escuta com calma o som do carro para saber quando precisa passar a marcha. Depois de alguns meses, você já faz tudo no automático. Ter ideias diferentes não é tão diferente.

"Vamos escrever um livro? Vamos! Legal."

E se ele fosse assim? E se ele fosse assado? E se ele tivesse isso? E se ele tivesse aquilo? E se a gente combinasse com aquele outro livro que a gente viu? E se tivesse só uma palavra por página? E se as páginas fossem numeradas de trás para frente? E se existisse uma capa diferente para cada exemplar? E se ele não tivesse capa? E se fosse um livro de um metro? E se tivesse um capítulo todo em italiano? E se os capítulos fossem livros separados e as pessoas tivessem que montar ele na ordem que preferissem?

Não sei se você percebeu, mas a gente gosta bastante da expressão "e se...". Ela começa todas as nossas frases que se referem a ideias. É uma espécie de "selo". "Começou com 'e se'? Lá vem uma ideia."

E assim vamos caminhando, gerando possibilidades de novos caminhos de forma orgânica com ideias que vêm na nossa cabeça. Isso porque já temos consciência de como é o "Jeito Certo" de um livro. Isso porque já temos intimidade para sair falando ideias ruins logo de cara sem que o outro julgue. Isso porque nós sabemos que, se é para fazer algo, vamos curtir muito mais se esse algo for diferente.

Sabemos que ninguém é como a gente e tampouco pode ter tido a chance de trabalhar esse tempo todo usando a criatividade como matéria-prima do seu trabalho. Por isso, queremos estimular você a começar pequeno.

E se, para o próximo problema que aparecer no seu caminho, você pensasse numa forma diferente de resolvê-lo?

E se, para os próximos cinco problemas que aparecerem no seu caminho, você pensasse numa forma diferente de resolvê-los?

E se fizesse uma lista agora com 10 problemas/situações que podem ter uma solução criativa e pensasse, para cada um, 11 formas diferentes de resolvê-los?

> **"SERES HUMANOS SÃO AS ÚNICAS CRIATURAS QUE TÊM PERMISSÃO PARA FALHAR. SE UMA FORMIGA FALHA, ELA MORRE."**
> **MIHALY CSIKSZENTMIHALYI**

Calma, são apenas ideias que nos vêm à cabeça. Não estamos falando para você investir todo o seu dinheiro numa ideia de startup, nem largar tudo para tentar ser roteirista de cinema. Não. Queremos que comece sugerindo para você mesmo como as coisas poderiam ser diferentes e comece a se acostumar com isso. Sem compromisso externo, sem contar pra ninguém, sem pressão.

Adoraríamos que essa pergunta ficasse internalizada em você assim como está na gente. Que estivesse implícita na forma como você olha para os problemas que surgem na sua trajetória.

A maneira como nós em sociedade lidamos com as adversidades que enfrentamos é geralmente muito ruim. Seja na esfera pessoal, nos nossos relacionamentos, seja numa escala global, na forma como tratamos o planeta e o meio ambiente em que vivemos, replicamos decisões ruins que outras pessoas tiveram muito tempo atrás e reafirmamos comportamentos que nem sabemos que são maléficos para nós. Fazemos isso porque "funciona". Ou seja, não nos coloca em apuros no curto prazo, ou porque é confortável, ou porque não queremos fazer o diferente por vergonha ou medo do que pode acontecer.

A sociedade precisa de criatividade mais do que nunca. Ela pode te salvar de uma rotina entediante. Ela pode te dar um novo caminho jamais pensado. Ela pode te colocar num lugar de destaque profissional. Ela pode te ajudar a ter relacionamentos mais interessantes. Ela pode nos ajudar a resolver problemas profundos da humanidade.

Se a ONU criasse um projeto de ouvir ideias de como o mundo poderia ser melhor do que é hoje, e nós dois fôssemos chamados para participar, com certeza daríamos ideias que incentivassem a propagação da criatividade na sociedade.

E se as crianças tivessem aula de criatividade desde o início da vida escolar?

E se existisse o Ministério da Criatividade, focado em resolver problemas complexos da sociedade?

E se criatividade fosse avaliada no vestibular?

E se todos os empregos do mundo começassem a exigir criatividade como pré-requisito?

E se existisse uma Academia da Criatividade, que, em vez de exercitar os músculos, exercitasse a capacidade de ter ideias?

E se cada pessoa desse 15 minutos do seu dia para exercitar sua criatividade?

E se você fosse uma dessas pessoas que usam 15 minutos do seu dia para a criatividade? E se você se juntasse a nós nesse movimento em favor da criatividade? E se você começasse a pensar em como as coisas poderiam ser diferentes?

São apenas ideias que nos vêm à cabeça.

LINKS

[1]: Gíria gaúcha que significa legal, irado.

[2]: Do School Kills Creativity?, com Sir Ken Robinson. É a TEDTalk mais vista pela humanidade e expressa bem a nossa opinião sobre o sistema educacional e o pensamento divergente: ted.com/talks/ken_robinson_says_schools_kill_creativity

[3]: Se você quer saber mais sobre como as escolas matam a criatividade, recomendamos este vídeo: youtu.be/dqTTojTija8

[4]: Se você quer saber mais sobre essa história, tem um filme na Netflix que conta ela todinha: Fome de Poder.

[5]: Mais sobre essa campanha você encontra aqui: lifetothefullest.abbott/pt/articles/todos-somos-doadores.html

[6]: Para ter uma noção de como o iPhone quebrou um padrão, veja o lançamento dele em 2007 feito por Steve Jobs: youtu.be/9ou608QQRq8

[7]: Esse blog foi feito faz muito tempo, mas ainda existe: lasfg-blog.tumblr.com

[8]: Um pouco da repercussão do Paraíso do Golfe dá pra ver aqui: youtu.be/FPlrmlQ7WT4

[9]: Para se aprofundar na teoria do James Clear, este post vai ajudar: jamesclear.com/goals-systems

[10]: O vídeo e o som você pode ver e ouvir aqui: youtu.be/F3nwseRoOsO

Nosso propósito é transformar a vida das pessoas por meio de histórias. Em 2015, nós criamos o programa compre 1 doe 1. Cada vez que você compra um livro na loja virtual da Belas Letras, você está ajudando a mudar o Brasil, doando um outro livro por meio da sua compra. Queremos que até 2020 esses livros cheguem a todos os 5.570 municípios brasileiros.

Conheça o projeto e se junte a essa causa:
www.belasletras.com.br

Este livro foi composto em Domain e impresso em papel pólen 80g pela gráfica Copiart em novembro de 2019.